AMRA

MORGAN DAIMLER

IRLANDS GÖTTINNEN & GÖTTER

Alles über die Tuatha Dé Danann
und andere Gottheiten
der Grünen Insel

Aus dem Amerikanischen
von Thomas Görden

AMRA

Besuchen Sie uns im Internet:
www.AmraVerlag.de

Ihre 80-Minuten-Gratis-CD erwartet Sie.
Unser Geschenk an Sie ... einfach anfordern!

Amerikanische Originalausgabe:
Gods and Goddesses of Irland.
A Guide to Irish Deities

Deutsche Erstausgabe im AMRA Verlag
Hotline: + 49 (0) 61 81 – 18 93 92
Service: Info@AmraVerlag.de

Herausgeber & Lektor	Michael Nagula
Einbandgestaltung	Guter Punkt
Layout & Satz	Birgit Letsch
Druck	CPI books GmbH

ISBN Printausgabe 978-3-95447-435-6
ISBN eBook 978-3-95447-436-3

Alle hier vorgestellten Informationen, Ratschläge und Übungen sind natürlich subjektiv. Sie wurden zwar nach bestem Wissen und Gewissen geprüft, dennoch übernehmen Verfasser und Verlag keinerlei Haftung für Schäden gleich welcher Art, die sich direkt oder indirekt aus dem Gebrauch der Informationen, Ratschläge oder Übungen ergeben.

Inhalt

Dieses Buch widme ich Maya,
die mich immer ermutigt hat …
Danke, Mo Chara.

Und Lora O'Brien, der ich die Anregung verdanke,
Medb von Connacht in dieses Buch aufzunehmen.

Einige Worte vorab

Es gibt viele Bücher über die keltischen Götter im Allgemeinen, aber wenige speziell über die Götter Irlands. Und so weit ich weiß gab es bisher keines, das leistet, was ich hier anbieten möchte – eine kurze und prägnante Beschreibung der zahlreichen irischen Götter in einem kleinen, praktischen Nachschlagewerk. Es geht mir darum, denjenigen, die sich für die irische Götterwelt interessieren, einfach zugängliche Informationen zu diesem Thema verfügbar zu machen. Im vorliegenden Buch finden Suchende deshalb jetzt erstmals umfassendes akademisches Material und Hinweise auf weiterführende Literatur, in einem Format, das handlich und gut lesbar ist. Auf keinen Fall handelt es sich um eine vollständige, ausführliche Beschreibung jeder einzelnen irischen Gottheit. Das Buch ist vielmehr dazu gedacht, solides Grundwissen zu liefern, die zum Verständnis der jeweiligen Götter und Göttinnen wichtigsten Informationen. Die Natur der irischen Götter ist komplex, und es sind viele ineinander verwobene, nuancenreiche Mythen mit ihnen verknüpft.

Beim Schreiben dieses Buches stützte ich mich auf zahlreiche Quellen, die ich am Ende der Artikel über die einzelnen Götter jeweils nenne. Dieses Buch kann durchaus für sich allein genutzt werden, denn es bietet einen guten Überblick. Doch ich hoffe, dass es in den Leserinnen und Lesern den Wunsch weckt, tiefer in die Materie einzudringen und die Suche fortzusetzen. Um sie dabei zu unterstützen, gibt es im Anhang eine Bibliografie, in der die von mir verwendeten Werke ebenso aufgeführt sind wie empfehlenswerte weiterführende Literatur. Hierfür habe ich Bücher ausgewählt, die unterschiedliche Sichtweisen und Ansätze zur Beschäftigung mit den irischen Göttern bieten, sodass sie uns helfen, besser zu verstehen, wer diese Götter waren und sind.

Ich bin seit 1991 irische Heidin und praktiziere die Verehrung der irischen Götter seit über fünfundzwanzig Jahren. Ich bin Priesterin der Göttin Macha, der Schutzgottheit von Ulster. Ich habe festgestellt, wie spirituell wertvoll es für mich ist, diese Götter anzubeten, ihre Geschichte und Mythologie zu studieren und zu lernen, sie in einen modernen Kontext einzubinden. Für manche mag dieses Buch der Einstieg zu einer spirituellen Verehrung der irischen Götter und einer lebenslangen Beschäftigung mit ihnen sein. Andere werden diesen Ruf vielleicht nicht so intensiv verspüren. Trotzdem kann das Buch auch ihnen wertvolle Einsichten vermitteln. Letztlich ist kein Wissen jemals vergeudet.

Einführung
Wer sind die irischen Götter?

Die Götter Irlands sind tief in der Vergangenheit verwurzelt, und doch spielen sie auch in der heutigen Welt eine aktive Rolle. Sie waren immer schon machtvolle Kräfte, die uns Segen spenden, aber uns auch zur großen Herausforderung werden können. Dabei besteht die größte Schwierigkeit oft darin, überhaupt Informationen über sie zu finden. Dieses kleine Buch ermöglicht es Ihnen, sich nach Art eines Lexikons in kurzen Artikeln über die einzelnen Götter zu informieren, von ihren Ursprüngen bis zur modernen spirituellen Praxis.

Bei den modernen Neuheiden erfreuen sich die irischen Götter großer Beliebtheit, und trotzdem kann es schwierig sein, gute Informationen über sie zu finden. Oft werden sie mit den anderen keltischen Göttern in einen Topf geworfen, was zu dem falschen Eindruck führt, es gäbe ein gemeinsames pan-keltisches Pantheon. Doch ein solches hat historisch nie existiert. Dieser

Ansatz verursacht noch ein weiteres verbreitetes Problem: In der populären, leicht verfügbaren heidnischen Literatur wird nur über die beliebtesten Götter geschrieben oder über die, zu denen es die meisten Informationen gibt, während weniger beliebte oder bekannte Gottheiten einfach weggelassen werden. Und das verfügbare Material ist leider nicht immer sehr verlässlich. In vielen Büchern werden großzügig Fakten und Fiktion vermischt, in einer Art und Weise, die für die Leser ziemlich verwirrend sein kann. Das führt dazu, dass Menschen, die sich für das irische Heidentum interessieren, besonders wenn sie noch ganz am Anfang stehen, oft Schwierigkeiten haben, die Informationen zu finden, nach denen sie suchen, oder solide Informationen von Erfundenem zu unterscheiden.

In diesem Buch finden Sie, wie in einem kleinen Lexikon, kurz und knapp die wichtigen Informationen zu zahlreichen irischen Gottheiten, unter anderem die Bedeutung ihres Namens, ihre Verwandtschaftsbeziehungen, die Aspekte, mit denen sie assoziiert werden, und die mit ihnen verknüpften Mythen. Um den Gebrauch des Buches zu vereinfachen, habe ich es in drei Hauptkapitel unterteilt: *Túatha-Dé-Danann-Götter*, *Túatha-Dé-Danann-Göttinnen* und *Andere irische Götter*. Diese Unterteilung beruht darauf, dass die Túatha Dé Danann als die Hauptgötter Irlands gelten, aber es gibt auch wichtige Götter, die nicht zu den Túatha Dé Danann gerechnet werden. Allerdings ist es in einem so kleinen Buch nicht möglich, jede einzelne irische Gottheit ausführlich zu behandeln. Also werde ich stattdessen eine größere Auswahl an Gottheiten vorstellen, als man sie normalerweise in den meisten anderen Büchern findet, und die Leserinnen und Leser mit so vielen Informationen wie möglich zu jeder Gottheit versorgen.

Denen, die Informationen zu einer Gottheit suchen, die in diesem kleinen Buch nicht aufgeführt ist, empfehle ich die Bücher, die ich als Quellen benutzt habe, vor allem Daithi Ó hÓgáins *Lore of Ireland* und MacKillops *Dictionary of Celtic Mythology*. Bedenken Sie aber, dass auch die besten akademischen Texte oft Gottheiten unerwähnt lassen, zu denen nur wenige Informationen vorliegen. Also bleibt uns in manchen Fällen kaum etwas anderes übrig, als direkt die Originalquellen zurate zu ziehen und darin nach Hinweisen zu suchen, wobei dies in vielen Fällen kaum mehr als ein einziger Satz in einer Sage sein wird. Zum Beispiel gibt es in der ursprünglichen Mythologie scheinbar keine irische Mondgöttin, es finden sich aber Andeutungen und Hinweise auf mehrere potenzielle Kandidatinnen.

Die irischen Götter überlebten in einer Mythologie, die nach der Bekehrung zum Christentum aufgeschrieben wurde, und später dann in der Folklore, meist eng mit bestimmten Orten verbunden. Sie sind eingewoben in die Landschaft Irlands, in seine Geschichte und seinen Geist, in die Hügel und heiligen Stätten. Sie sind die Götter der Heiden, und, so sagen manche Leute, die Feen (»Gentry«) der Christen. Sie verändern sich, wie die Welt um sie herum sich verändert, und doch bleiben sie immer Teil des Pulsschlags des Landes selbst, und der Fantasie der Menschen.

1

Die Túatha Dé Danann:
Götter

AENGUS

Auch Aongus, Aonghus, Angus oder im Altirischen Oengus genannt, mit dem Beinamen Mac ind Og (der junge Sohn), Mac Dá Oc (Sohn der zwei Jungen) oder Aonghus an Bhroga (Angus vom Brú). Sein Name ist aus den altirischen Wörtern *óen*, ›einzigartig und unvergleichlich‹, und *gus*, ›Kraft oder Stärke‹[1] zusammengesetzt und bedeutet demnach ›einzigartige Kraft‹ oder ›unvergleichliche Stärke‹.

Sein Vater ist der Dagda, seine Mutter die Göttin Bóinn, namengebende Gottheit des Flusses Boyne. Aengus entstammt einer Affäre zwischen diesen beiden, was der Dagda vor Boinns Ehemann Elcmar verbarg, indem er bewirkte, dass ein einziger Tag und eine einzige Nacht neun Monate dauerten.[2] Deshalb wurde Aengus scheinbar an dem Tag geboren, an dem er gezeugt wurde, was seinen Beinamen ›der junge Sohn‹ erklärt. Väterlicherseits hat er viele Geschwister, unter anderem die Göttin Brighid. Es heißt, dass er mindestens eine Tochter hatte, Maga. Durch sie gehört er zu den Vorfahren des Hauses Ulster.[3]

Smyth vermutet, dass Aengus an Samhain gezeugt und, weil seine Geburt heimlich erfolgte, auch an Samhain geboren wurde.[4] Das Fest Samhain ist auch noch auf andere Weise mit Aengus verbunden, denn an diesem Tag gelingt es ihm schließlich auch, die Frau zu erobern, die er am meisten begehrt. Davon wird in der Erzählung *Aislinge Oenguso* berichtet. Dort

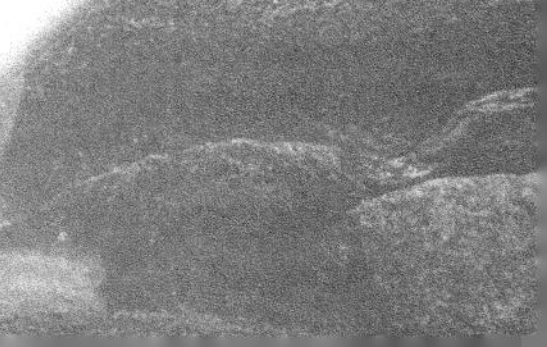

heißt es, dass Aengus von einer geheimnisvollen Frau namens Caer Iobharmheith (altirisch: Caer Ibormeith) träumte und daraufhin krank vor Liebe wurde. Nachdem seine Eltern die Identität der Frau herausgefunden hatten, spürte er sie an Samhain auf, warb um sie, und die beiden verwandelten sich in Schwäne und flogen davon.[5]

Aengus wohnt im wohl berühmtesten aller Feenhügel, im Brú na Bóinne, den er durch eine List in seinen Besitz brachte. Von der Geschichte, wie ihm das gelang, existieren unterschiedliche Versionen. In einer wird berichtet, Aengus habe mit der Hilfe seines Vaters, des Dagda, den Brú Elcmar abgenommen. In einer anderen gehört der Brú na Bóinne dem Dagda. Dank seiner eigenen List oder mit der Hilfe eines seiner Stiefväter gewinnt Aengus den Brú für sich. Dabei ist der Kern der Geschichte immer gleich: Aengus kommt zum Brú und bittet den Besitzer, ihm den Palast für die Zeit eines Tages und einer Nacht zu überlassen. Diese Bitte wird ihm gewährt, doch als der bisherige Besitzer den Palast nach vierundzwanzig Stunden zurückfordert, sagt Aengus, der Palast gehöre jetzt ihm, da ja alle Zeit aus Tag und Nacht bestehe, die aufeinander folgen. So gewinnt er jenen Ort, der seitdem als seine Wohnstätte bekannt ist.

Aengus gilt als der Gott von Jugend, Schönheit und Liebe. In den Sagen und Geschichten hilft er oft den Liebenden. Besonders berühmt ist die Geschichte von Diarmuid und Gráinne im Finn-Zyklus.[6] Er ist auch als ein listenreicher Gott bekannt, was sich daran zeigt, wie er den Brú na Bóinne in

Besitz nahm, und an einer Begebenheit in *Cath Maige Tuired*, wo er seinem Vater, dem Dagda, den Rat gibt, den unredlichen König Bres durch eine List dazu zu bewegen, ihm seinen gerechten Lohn zu zahlen.

Aengus besitzt ein kostbares Zauberpferd. Es ist so groß, dass es einen ganzen Haushalt tragen kann. Einmal urinierte es so gewaltig, dass daraus Lough Neagh entstand. Auch gehört ihm ein vielfarbiger Mantel, der für die Augen eines Menschen, der todgeweiht ist, so aussieht, als hätte er nur eine Farbe.[7] Es heißt, dass vier weiße Vögel Aengus' Kopf umkreisen. Dabei soll es sich entweder um Schwäne handeln oder um vier seiner Küsse, die er in Vögel verwandelt hat.

Wenn Neuheiden Verbindung zu Aengus aufnehmen möchten, kann das viele Gründe haben, doch oft wird er als eine Liebesgottheit verehrt. Typische Opfergaben für Aengus sind Milch, Bier oder köstliche Speisen, aber auch alles andere, was die Praktizierenden angemessen finden.

Quellenverweise

1 eDIL
2 Smyth, 1988
3 MacKillop, 1998
4 Smyth, 1988
5 Shaw, 1934
6 MacKillop, 1998
7 Ó hÓgáin, 2006

CREDNE

Credne oder Credine im Altirischen, im modernen Irisch Creidhne. Sein Beiname ›Cerd‹ bedeutet Kunstschmied. Die Materialien, mit denen Credne arbeitet, sind Bronze, Messing und Gold.[1] Er gilt als der ›Meister-Handwerker‹ unter den Göttern und tritt oft zusammen mit seinen zwei Brüdern in Erscheinung: dem Schmied Goibniu und dem Tischler Luchta. Diese drei werden die Götter der Handwerkskunst unter den Túatha Dé Danann genannt. Nachdem Nuada, der Hochkönig der Túatha Dé Danann, in der ersten Schlacht von Maige Tuired seinen Arm verloren hatte, half Credne dem Heilgott Dian Cécht, eine Armprothese aus Silber für den König anzufertigen.[2] Während des Kampfes gegen die Formoren halfen Credne und seine Brüder den Túatha Dé Danann, indem sie die Götter mit Waffen ausrüsteten. Crednes besonderer Beitrag hierzu waren Nietköpfe für die Speere, Griffe für die Schwerter und Buckel und Ränder für die Schilde.[3]

Zu seinen Symbolen gehören die Werkzeuge des Schmieds: zum Beispiel ein kleiner Hammer, eine Ahle oder ein Ankörner. Als Opfergaben für Credne eignen sich Wasser, Ale oder ein edles oder halbedles Metall.

Quellenverweise

1 MacKillop, 1998
2 Macalister, 1941
3 MacKillop, 1998

DER DAGBA

Einer der bekanntesten Túatha Dé Danann ist der Dagda. Es gibt viele Variationen seines Namens und er hat viele Beinamen. Unter anderem nennt man ihn Daghdae, Dagdai, Daghdo, Daghdou, Dagdae, Dagdhua, Daghdae, Dagda Mor, Dagda Donn und Eochaid Ollathair, Ruad Rofessa, Aedh Alainn, Aodh Ruadh Ro-fessa. Meistens wird ihm der bestimmte Artikel ›der‹ vorangestellt.[1] Das Wort Dagda selbst ist ein Beiname, der ›guter Gott‹ bedeutet, womit ein Gott gemeint ist, der alles kann, und zwar sehr gut kann. Diesen Namen gewinnt er in der zweiten Schlacht von Maige Tuired, als er verspricht, im Kampf so viel zu leisten wie alle anderen Túatha Dé zusammen.[2] Auch seine Beinamen verraten uns eine Menge über ihn: Eochaid Ollathair – ›Vater der Vielen‹, Ruad Rofessa – ›Roter Mann des Wissens‹ (womit druidisches oder okkultes Wissen gemeint ist), Aedh Alainn – ›der feurig Leuchtende‹.[3]

Wer dazu neigt, sich den Dagda als eine Art neuheidnischen Vatergott vorzustellen, sollte bedenken, was ›guter Gott‹ hier wirklich bedeutet und Ollathair im engeren Sinne. Es gibt nämlich keinen eindeutigen Beweis, dass der Dagda wörtlich als Vater der Götter betrachtet wurde. Man hielt ihn wohl eher für sehr fruchtbar und sexuell aktiv. Andererseits vertritt aber Ó hÓgáin die Auffassung, dass es sich bei dem Dagda um den Dis Pater handeln könnte, die Vatergottheit, von der, jedenfalls laut Julius Cäsar, die Gallier ihre Abstammung herleiteten.[4]

Im *Cath Maige Tuired* gibt es eine lange Aufzählung der vielen Namen des Dagda. Er soll einer Formoren-Prinzessin eine Bitte gewähren, entgegnet aber, er hätte ein Gelübde abgelegt und dürfe ihren Wunsch nur erfüllen, wenn sie ihn bei seinem vollen Namen nennen könne. Daraufhin fragt sie ihn drei Mal nach seinem Namen, und beim dritten Mal antwortet er: »Fer Benn Bruach Brogaill Broumide Cerbad Caic Rolaig Builc Labair Cerrce Di Brig Oldathair Boith Athgen mBethai Brightere Tri Carboid Roth Rimaire Riog Scotbe Obthe Olaithbe.«[5] Ó hÓgáin zufolge lässt sich der Name Dagda von der Wurzel Dago-Dewios herleiten und ist verwandt mit anderen indoeuropäischen Himmelsgöttern wie Zeus und dem gallischen Gott Sucellus, dessen Aussehen zudem ähnlich beschrieben wird.[6]

In manchen Quellen wird der Dagda als Sohn des Elatha bezeichnet, und es heißt, die Morrígan wäre seine Frau. Allerdings soll er auch mindestens ein Kind mit Boinn gezeugt haben. Je nach Text finden sich unterschiedliche Angaben zu seinen Kindern, aber für gewöhnlich werden folgende genannt: Aengus Mac Og, Cearmait, Aodh Caomh, Conan, Midir, Bodhbh Dearg, Ainge und Brighid. In einem späteren Text wird außerdem Dian Cécht als sein Sohn bezeichnet.[7] Seine Söhne sterben oft, nachdem sie versuchten, eine Frau zu erobern, die für sie unerreichbar ist. Nur Aengus gelingt es, Caer Iobharmheith zu heiraten, die ganz buchstäblich die Frau seiner Träume ist. Das verbindet den Dagda vermutlich mit der sexuellen Leidenschaft und auch dem Sexualneid, da er Aengus mit der Ehefrau eines anderen zeugte. Manchmal wird er außerdem als Bruder von Nuada und Ogma bezeichnet.[8]

Der Dagda wird gewöhnlich als sehr großer, schwerer Mann beschrieben, manchmal auf komisch überzeichnete Art – mit gewaltigem Appetit. So soll sein tägliches Porridge aus dreihundert Litern Milch gekocht worden sein, mit ganzen Schafen, Schweinen und Ziegen als Zutaten. Die Schöpfkelle, mit der er diese Mahlzeit aß, war so groß, dass zwei Männer darin ausgestreckt liegen konnten.[9] Manche modernen Quellen beschreiben ihn als rothaarig – was sich vielleicht auf seinen Namen Ruad Rofessa bezieht – und bekleidet mit einer kurzen Tunika, manchmal obszön kurz. Er gilt als großzügig, weise und sein Appetit, auch in sexueller Hinsicht, als überlebensgroß.[10] Es werden ihm ungeheure Körperkräfte zugeschrieben. Angeblich konnte er allein eine ganze Burg bauen und in einer einzigen Nacht zwölf große Flachlandgebiete roden.

Im *Book of Lecan* heißt es, der Dagda hätte nach dem Tod Lughs achtzig Jahre lang als König der Götter geherrscht. Anderen Quellen zufolge fiel er dagegen in der zweiten Schlacht von Maige Tuired.[11] Später wird das so erklärt, dass er in der Schlacht eine Verwundung davontrug, an deren Folgen er achtzig Jahre später starb, aber das ist offensichtlich ein Versuch, die sehr widersprüchlichen Berichte zu einem zusammenhängenden Ganzen zu vereinen.[12]

Der Dagda soll ein Meister der druidischen Magie und im Besitz mehrerer magischer Gegenstände gewesen sein. So verwahrte er einen der vier Schätze der Túatha Dé Danann, nämlich den aus Murias mitgebrachten Kessel der Fülle. Außerdem besaß er eine Keule, die so groß war, dass sie auf Rädern gezogen werden musste. Es heißt, mit dem einen Ende dieser Keule konnte er neun Männer auf einen Schlag töten, während ihr anderes Ende heilkräftig war.[13]

Sein Pferd hieß Acein (Ozean) und er besaß eine Harfe, durch deren Spiel der Wechsel der Jahreszeiten ausgelöst wurde. Diese Harfe wurde ihm von den Formoren gestohlen und der Dagda musste mit Nuada und Ogma eine weite Reise unternehmen, um sie zurückzuholen, was vermutlich darauf hinweist, wie wichtig es ist, dass die Zeit und der Wechsel der Jahreszeiten nicht in Unordnung geraten.

Der Dagda wird mit Brú na Bóinne in Verbindung gebracht und auch mit Grianan Ailigh, einer Kultstätte in Donegal, sowie mit Leighead Lachtmhaighe in Clare, Cnoc Baine in Tyrone und O Chualann in Wicklow.[14] Nach ihrer Niederlage gegen die Milesier soll der Dagda den Túatha Dé Danann ihre Sidhe (Feenhügel) zugewiesen haben, möglicherweise auf Vorschlag von Manannán mac Lir.[15] Der ursprüngliche Wohnsitz des Dagda war Newgrange (Brú na Bóinne), doch sein Sohn Aengus vertrieb ihn mit Hilfe einer List von dort.

Der Dagda wird besonders stark mit Samhain assoziiert, weil er eine Verbindung mit der Morrígan einging, um sie als Verbündete der Túatha Dé Danann für die Schlacht von Maige Tuired zu gewinnen. Deswegen ließ er sich auch mit der Formoren-Prinzessin ein. Sie sollte ihr Volk verraten und den Túatha in der Schlacht helfen.

Allgemein können wir den Dagda mit Druidenmagie, Weisheit, Führungsstärke, Fruchtbarkeit, Großzügigkeit, Fülle und vielseitiger Geschicklichkeit und Tüchtigkeit assoziieren. Ó hÓgáin stellt einen Bezug zur Sonne und solarer Symbolik her. Und er sagt, dass die Beschreibung des Dagda als ›schnell‹ darauf hinweist, dass er denen, die sich im Gebet an ihn wandten, schnell antwortete.[15] Für manche moderne Praktizierende und Gelehrte ist er gleichen Ursprungs wie entweder Thor oder Odin, wobei es gute Argumente für beides gibt. Andere assoziieren den Dagda eher mit dem Dis Pater der Römer oder dem gallischen Gott Sucellus. Viele moderne Druiden betrachten den Dagda als den Gott der Druiden, und zweifellos besteht bei ihm eine starke Verbindung zur Druidenmagie.

Als Opfergaben für den Dagda bieten sich dunkle Biersorten sowie Porridge an. Letzterer sollte mit Butter und Zutaten wie Speck verfeinert werden. Symbole des Dagda können die Keule, der Stab oder der Kessel sein.

Quellenverweise

1 Gray, 1983; Ó hÓgáin, 2006
2 Gray, 1983
3 Ó hÓgáin, 2006
4 Ebd.
5 Gray, 1983
6 Ó hÓgáin, 2006
7 Ebd.
8 Ebd.
9 Berresford Ellis, 1987
10 Ó hÓgáin, 2006
11 Smyth, 1988
12 Ó hÓgáin, 2006
13 Berresford Ellis, 1987; Ó hÓgáin, 2006
14 Smyth, 1988; Ó hÓgáin, 2006
15 Ó hÓgáin, 2006

DIAN CÉCHT

Auch Dían Cécht, Diancécht, Dian Céacht geschrieben, später Mac Cécht.[1] Dieser irische Gott gilt als zuständig für die Heilkunde und die Wiederherstellung des Körpers. Sein Name bedeutet offenbar ›schneller Reisender‹. Er gehört zu den Túatha Dé Danann und wird in den überlieferten mythologischen Texten explizit als Gott bezeichnet.[2] Dian Cécht war der oberste Arzt der Götter. Ihm gehörte der Slaine, ein Brunnen oder Kessel, in den die Verwundeten stiegen, um geheilt wieder daraus aufzutauchen. Die irischen Texte, die von ihm erzählen, preisen seine Heilkünste. Er wird ›der weise Heiler Irlands‹ und ›Gott der Gesundheit‹ genannt.[3]

Im *Lebor Gabala Erenn* wird erzählt, er sei der Sohn des Esarg und habe drei Brüder: die ›Götter des Handwerks‹ Credne, Goibniu und Luchta.[4] Derselben Quelle zufolge ist er der Vater zweier anderer irischer Heilgottheiten, Miach und Airmed, sowie von Cú und Cethan. Auch soll er der Vater zweier weiterer Heiler sein, bei denen es sich vermutlich um Ormiach und Ochtriuil handelt. Zu seinen Kindern zählen außerdem die Dichterin Etain, Cian und der Großvater des Lugh.[5]

Dian Cécht ist nicht nur ein Gott der praktischen Heilkunde, sondern auch des Wissens über die heilenden Künste und die Heilmagie. Es heißt, dass er mit jeder Heilmethode Wunderbares bewirken kann. Es gibt nur wenige Sagen, in denen Dian Cécht auftritt, aber in diesen spielen seine Heilkünste eine zentrale Rolle. Er schuf einen wunderbaren Heilbrunnen, indem er ein Exemplar einer jeden Heilpflanze hineingab, und in der Mythologie ist er als der Heiler schrecklicher Verletzungen bekannt. So ersetzte er Nuadas abgetrennten Arm durch eine voll funktionsfähige Prothese aus Silber, heilte Midirs verletztes Auge und beseitigte Schlangenplagen.[6] In den Sankt-Gallus-Zaubersprüchen wird eine Heilsalbe des Dian Cécht erwähnt. Noch bis ins achte Jahrhundert wurde Dian Cécht in heilmagischen Beschwörungen angerufen, und selbst in der modernen Volksheilkunde gibt es eine mit ihm assoziierte Haferbrei-Rezeptur.[7]

Ein Kessel oder Brunnen kann als Symbol für Dian Cécht verwendet werden, vielleicht mit Heilkräutern darin. Als Opfergaben kommen zum Beispiel Wasser, Kräutertee oder auch Heilpflanzen infrage.

Quellenverweise

1 MacKillop, 1998
2 Ó hÓgáin, 2006
3 Ebd.
4 Macalister, 1941
5 MacKillop, 1998
6 Ó hÓgáin, 2006
7 MacKillop, 1998

GOIBNIU

Goibniu ist der irische Gott des Schmiedehandwerks, entsprechend dem walisischen Gafannon. Sein Name ist von dem irischen Wort für Schmied abgeleitet: altirisch ›gobha‹, ›gabha‹ im modernen Irisch.[1] Von Goibniu heißt es, dass er mit nur drei Schlägen seines Hammers eine Waffe schmieden konnte.[2] Mit seinen Brüdern Credne, dem Kunstschmied, und Luchta (oder Luchtar), dem Tischler, bildet er das irische ›Trio‹ der Handwerksgötter. Bei der Anfertigung der Waffen der Götter arbeiten diese drei oft zusammen, jeder trägt seinen Teil bei.

Laut dem *Lebor Gabala Erenn* war auch Dian Cécht ein Bruder des Goibniu. Der Vater der vier Brüder war Esarg.[3] Sie werden dort immer wieder zusammen erwähnt, zum Beispiel hier: »In seiner [Nuadas] Gefolgschaft befanden sich die Handwerker: Goibniu, der Schmied, Credne, der Kunstschmied, Luchta, der Tischler, und Dien Cécht, der Heiler.«[4]

Goibniu war der Meister-Schmied der Túatha Dé Danann und die Waffenherstellung war sein Spezialgebiet. Vor der Schlacht von Maige Tuired wird Goibniu gefragt, was er zum Gelingen beitragen will.

> Und er [Lugh] fragte seinen Schmied Goibniu, welche Waffen er für sie anfertigen werde.
>
> »Das ist leicht zu sagen«, sprach dieser. »Mag der Kampf der Männer von Erin auch sieben Jahre dauern,

> so will ich doch für jeden Speer, der von seinem Schaft abgetrennt wird, und für jedes zerbrochene Schwert eine neue Waffe bereitstellen. Keine Speerspitze, die von meiner Hand geschmiedet wird«, sprach Goibniu, »soll ihr Ziel verfehlen. Niemand, dessen Haut sie durchbohrt, wird am Leben bleiben. Das vermag Dolb, der Schmied der Formoren, nicht. Ich bereite mich jetzt auf die Schlacht von Magh Tuired vor.«[5]

Während des Krieges gegen die Formoren fertigte Goibniu Speere von unerreichter Qualität, die nie ihr Ziel verfehlten und jeden töteten, der von ihnen getroffen wurde, mit Ausnahme von Goibniu selbst. Letzteres wissen wir, weil Ruadan, Sohn von Brighid und Bres, zur Schmiede geht, einen von Goibnius Speeren nimmt und den Schmied damit verwundet. Doch Goibniu entwindet dem Angreifer den Speer und tötet ihn damit. Anschließend wird der Schmied zu Dian Céchts Gesundbrunnen gebracht, wo er völlig wiederhergestellt wird.

Die Túatha Dé Danann verdanken Goibniu ihre Unsterblichkeit und ewige Jugend, denn der Schmied besaß einen speziellen Trank namens ›Fled Goibnenn‹, den er eigens für sie herstellte.[6] Dieses Gebräu wird meistens als Bier oder Met beschrieben, manchmal auch als eine Art Festmahl – eine weitere Bedeutung des altirischen Wortes *fled* –, und konnte, so heißt es, Krankheiten heilen.[7]

Außer dem Zaubertrank besaß Goibniu eine magische Kuh, die in der Lage war, unendlich viel Milch zu geben.[8]

In den Sankt-Gallus-Zaubersprüchen wird auch Goibniu angerufen, was auf seine heilkräftigen Fähigkeiten hinweist. Er wird dort angerufen, um einen Dorn zu entfernen, was eine Metapher für die Behandlung einer im Kampf erlittenen Verwundung sein könnte: »... rogarg fiss goibnen aird goibnenn renaird goibnenn ceingeth ass«,[9] übersetzt: »Goibnius gewaltiges Wissen, Goibnius Aufmerksamkeit, Goibnius machtvolle Aufmerksamkeit überwindet es!«

Es gibt mehrere frühe irische Zaubersprüche, in denen Goibniu um Heilung gebeten wird.[10] Das könnte mit der Vorstellung zusammenhängen, dass ein Wesen, das eine Verletzung verursachte oder eine Waffe schuf, Macht über diese Verletzung hat, was sich auch in Zaubersprüchen zeigt, bei denen es um den bösen Blick und den Elfenschuss geht.

Goibniu wird eine besondere Verbindung zu Cork zugeschrieben, und zwar vor allem zu Aolbach (Crow Island) auf der Beara-Halbinsel.[11] Man sagt, dort hätte sich seine Schmiede befunden und in dem Gebiet hätte seine magische Kuh gegrast. In anderen Erzählungen wird er mit dem County Cavan und den dortigen Iron Mountains assoziiert.[12] In der späteren irischen Mythologie wurde Goibniu zu Gobhan Saer, einem Schmied und Baumeister der Feen.[13]

Ein Grund für moderne Heiden, Goibniu anzurufen, kann eine Beschäftigung mit der Schmiedekunst oder anderen Formen der Metallverarbeitung sein oder der Wunsch, eine durch Klingen oder andere geschmiedete Waffen verursachte Verletzung zu heilen. Auch können wir ihn bitten, Waffen zu segnen.

Als Opfergaben für Goibniu kommen Waffen, Metalle, Bier oder Met in Frage, aber auch alles andere, das für diesen Gott angemessen erscheint. Seine Symbole können zum Beispiel Amboss und Schmiedehammer sein.

Quellenverweise

1 Ó hÓgáin, 2006
2 Ellis, 1987
3 Macalister, 1941
4 Ebd.
5 Stokes, 1926
6 Ó hÓgáin, 2006
7 Monaghan, 2004
8 Ó hÓgáin, 2006
9 Stokes, 1901
10 Ó hÓgáin, 2006
11 Ebd.
12 Monaghan, 2004
13 Ellis, 1987

LUCHTA

Auch Luchtain, Luchtaine, Luchtine oder Luchtar genannt. Er ist der Meister-Tischler der Túatha Dé Danann. Mit seinen Brüdern Goibniu und Credne bildet er die Gruppe der drei Handwerks-Götter. Er ist besonders für seine Speerschäfte und Schilde berühmt.[1] In der Mythologie ist uns über Luchta nur wenig überliefert. Meistens tritt er zusammen mit einem seiner Brüder oder auch beiden Brüdern auf, wenn sie die Götter für eine Schlacht mit Waffen ausrüsten.

Zu seinen Symbolen gehören Tischlerwerkzeuge und die Arbeitsmaterialien dieses Handwerks. Als Opfergaben bieten sich Milch, Bier und aus Holz gefertigte Gegenstände an.

Quellenverweis

1 MacKillop, 1998

LUGH

Lugh, altirisch Lug, ist einer der bekanntesten irischen Götter. Zu seinen Beinamen zählen Lamhfada (langer Arm), Ildanach (der Vielbegabte) und Samildanach (viele sich ergänzende Fähigkeiten). Manchmal wird er auch Mac Céin, Sohn des Cian, oder Mac Ethlenn, Sohn des Eithne, genannt.[1] Lugh war einer der Hochkönige der Túatha Dé Danann und herrschte nach Nuada. Ihm gelang es ganz allein, in der zweiten Schlacht von Maige Tuired seinen Großvater, den Formoren Balor, zu besiegen. In dieser Schlacht sehen wir, wie Lugh seinem Beinamen Samildanach alle Ehre macht, denn er verschafft sich Zutritt zum Thronsaal des Hochkönigs, indem er unter Beweis stellt, dass er über mehr Fähigkeiten als alle anderen Götter verfügt. Auch setzt er aktiv seine magischen Künste ein, als es gilt, seine Krieger um sich zu scharen und vor der Schlacht den Gegner zu verfluchen.[2]

Lugh war der Sohn des Dé Danann Cian und der Formorin Eithne. Sein Großvater väterlicherseits war der Heilgott Dian Cécht und sein Großvater mütterlicherseits der gefährliche Formore Balor, der mit einem Blick seines bösen Auges jeden töten konnte, den er anschaute. Es gab eine Prophezeiung, wonach Balor von seinem Enkel getötet werden würde. Also hielt Balor seine Tochter in einem Turm gefangen. Doch Cian schlich sich in den Turm und schwängerte Eithne, die bald darauf Drillinge gebar. Als Balor die Säuglinge entdeckte, warf er sie ins Meer. Zwei von ihnen ertranken oder wurden in Robben verwandelt. Lugh aber wurde gerettet und entweder von Manannán oder Tailtiu großgezogen.[3]

Im *Ulster-Zyklus* heißt es, er sei der Vater des Helden Cú Chulainn, dessen Mutter eine Sterbliche war. Doch hat Cú Chulainn gleichzeitig auch einen sterblichen Vater. Im *Táin Bó Cúailnge* kommt Lugh Cú Chulainn zu Hilfe, als der Held schwer verletzt ist. Lugh bringt ihn in den *Síd*, in die Anderswelt, damit Cú dort geheilt wird.

Der Sage nach hatte Lugh vier Ehefrauen: Buí (besser bekannt als die Cailleach Bhéirre), Nás, Echtach und Englic.[4] Eine dieser Frauen war untreu und hatte eine Affäre mit Cermait, einem Sohn des Dagda. Aus Rache wurde Cermait daraufhin von Lugh ermordet, was dazu führte, dass Cermaits drei Söhne den Tod des Vaters rächten und Lugh töteten.

Lugh hat eine besonders starke Verbindung zum Fest Lúnasa, das seinen Namen trägt, obgleich es eher dem Gedenken an seine Ziehmutter Tailtiu gewidmet ist. Im Altirischen lautet der Name des Festes Lughnasadh, ›Beisetzungsfeier des Lugh‹, während die moderne Bezeichnung Lúnasa ›Fest des Lugh‹ bedeutet. Im *Lebor Gabala Erenn* wird berichtet, dass Lugh das Fest zum Gedenken an seine Ziehmutter begründete, nachdem sie bei der Urbarmachung der Ebene gestorben war, die ihren Namen trug.[5] Das Fest selbst konzentriert sich auf die Feier des Erntebeginns mit einem Schmücken der heiligen Quellen, Pferderennen, Sportwettkämpfen und der Zubereitung spezieller Speisen. Heute kreisen viele Lúnasa-Feiern um Saint Patrick als göttlichem Beschützer der Ernte, aber sehr wahrscheinlich kam ursprünglich Lugh diese Rolle zu. Erst nach der Christianisierung wurde er durch den Heiligen ersetzt.[6]

Lugh kann als einer der Könige der Anderswelt angesehen werden, wobei er besonders mit Teamhair (Tara) verbunden ist, wie in der Geschichte *Baile in Scáil* dargestellt.[7] Auch hat er offenbar beim Ursprung mehrerer sterblicher Adelsgeschlechter eine Rolle gespielt, und einige Stämme sind nach ihm benannt.[8] Für einige Zeit regierte Lugh als König der Götter. Dass er eine wichtige Rolle gespielt haben muss, kann man an der großen Zahl von Geschichten und Sagen ablesen, in denen er in Erscheinung tritt.

Manche Forscher vertreten die Auffassung, Lugh sei im irischen Pantheon ein Eindringling, der erst später hinzugefügt wurde. Das spiegele sich in seiner Mythologie wider, wo er mitten in der Auseinandersetzung zwischen Túatha Dé Danann und Formoren den bisherigen König Nuada ablöst.[9] Wie dem auch sei, handelt es sich bei Lugh in jedem Fall um eine pankeltische Gottheit, die unter ähnlichen Namen in mehreren verwandten Kulturen auftaucht. Bei den Walisern hieß er Llew Llaw Gyffes und bei den Galliern Lugos. Der Name lässt sich aus der proto-indogermanischen Wurzel ›leug(h)‹ herleiten, die höchstwahrscheinlich ›einen Eid schwören‹ bedeutet.[10]

Lugh besaß einen der vier Schätze der Túatha Dé Danann, bei dem es sich den Mythen zufolge entweder um ein Schwert oder einen Speer handelte, wobei aber weitaus häufiger von einem Speer die Rede ist.[11] In der Geschichte *Tuath De Danand na Set soim* wird erzählt, dass Lugh diese Schätze in einer Stadt erhielt, ehe die Götter nach Irland kamen. Diese Version wird mit eher wenigen Details im *Lebor Gabala Erenn* wiedergegeben. In einer anderen Geschichte erfahren wir, wie Lugh an den Speer kam. Nachdem die Kinder Tuireanns Lughs Vater Cian getötet hatten, so wird im *Oidheadh Chloinne Tuirean* erzählt, stellte Lugh ihnen eine Reihe von undurchführbaren Aufgaben, wodurch der berühmte Speer in seinen Besitz gelangte. Einer seiner Beinamen im *Lebor Gabala Erenn* lautet ›Rindagach‹, was Macalister mit ›hinschlachtender Speer‹[12] übersetzt, wobei aber ›kämpferischer Speer‹ die genauere Übersetzung ist. Es hieß, wer mit dem Speer des Lugh in die Schlacht ziehe, sei unbesiegbar.

Für moderne Heiden gibt es zahlreiche Gründe, Lugh zu ehren, da er ein überaus vielseitiger Gott ist. Besonders wichtig sind bei ihm Kampfeskunst, Führungsstärke und magische Fähigkeiten. Häufig wird Lugh an Lúnasa geehrt, denn da kämpfte er, wie es heißt, gegen Crom um die Ernte. Als Opfergaben für Lugh bieten sich Getreide und Milch an, oder Sie opfern ihm etwas, das Sie durch Anwendung Ihrer persönlichen Fähigkeiten geschaffen haben.

Quellenverweise

1 MacKillop, 1998
2 Gray, 1983
3 MacKillop, 1998
4 Ebd.
5 Macalister, 1941
6 MacNeil, 1962
7 Smyth, 1988
8 Ebd.
9 Ó hÓgáin, 2006
10 Ebd.
11 Daimler, 2015
12 Macalister, 1944

MIACH

Dieser irische Gott stellte den Arm des Hochkönigs Nuada wieder her. Im *Cath Maige Tuired* wird erzählt, dass Miach die Heilung durchführte, indem er Nuadas abgetrennten Arm drei Tage an seiner Seite trug, dann drei Tage auf seiner Brust. Zum Abschluss bewarf er den Arm drei Tage lang mit Binsen.[1] Hinterher erhielt er den Arm als Lohn.

In der Geschichte *Oidheadh Chloinne Tuirean* wird erzählt, wie Miach und sein Bruder Ormiach in Tara eintreffen. Dort heilt Miach den Torwächter, der ein Auge verloren hat. Miach ersetzt das fehlende Auge durch das Auge einer Katze, was bei dem Torwächter für einige unangenehme Nebenwirkungen sorgt.[2]

Das *Lebor Gabala Erenn* enthält mehrere Versionen der Geschichte, in der Miach König Nuada heilt. Miachs Vater Dian Cécht war so neidisch auf Miachs Fähigkeiten als Heiler, dass er ihn mit vier Schwerthieben verwundete. Die ersten drei Hiebe konnte Miach heilen, doch durch den vierten starb er. Auf seinem Grab wuchsen sämtliche Heilkräuter der Welt. Miachs Schwester Airmed sammelte und ordnete sie, doch Dian Cécht zerstörte Airmeds Ordnung und zerstreute die Kräuter, sodass ihre Heilkräfte verlorengingen (jedoch gibt es auch Versionen der Geschichte, in denen Miach nicht stirbt).[3] Darin spiegelt sich der Glaube wider, dass die Pflanzen die auf dem Grab eines Menschen wachsen, etwas von seinem Geist enthalten. Und so wuchsen auf dem Grab des Heilung spendenden Gottes sämtliche Heilpflanzen der Welt. Da aber Miach ein Gott ist, war sein Tod nur vorübergehend, und später, bei der Schlacht gegen die Formoren, ist er wieder lebendig. Seite an Seite mit seinem Vater und seinen Geschwistern heilt er die verwundeten Túatha Dé Danann in dem berühmten Gesundbrunnen seines Vaters.

Neben Ormiach und Airmed hat Miach weitere heilkundige Geschwister, unter anderem Ochtriuil.

Miach kann heute angerufen werden, wenn aufwändige und langwierige medizinische Behandlungen notwendig sind, oder bei Heilungsprozessen, die längere Zeit in Anspruch nehmen. Als Opfergaben für diesen Gott eignen sich Heilkräuter-Aufgüsse, die Heilkräuter selbst oder reines Wasser.

Quellenverweise

1 Gray, 1982
2 Ebd.
3 Macalister, 1944

MIDIR

Der Túatha Dé Danann Midir, auch als Midhir bekannt, ist Besitzer des Síd (Feenhügel) von Bri Léithe im County Longford. Ó hÓgáin schreibt, im modernen Irisch müsse sein Name Mír lauten, und vermutet, dass dieser Name ursprünglich ›der Maßnehmer‹ bedeutete.[1]

Midir ist eine eher obskure Gottheit, über die nur wenig bekannt ist, obwohl er in der Geschichte *Tochmarc Étaín* eine wichtige Rolle spielt. In dieser Geschichte erfahren wir, dass Midir einst durch einen Schlag mit einem Stechpalmenast ein Auge verlor. Das geschah, als er versuchte, einen Streit zwischen Aengus und Elcmar zu schlichten. Doch Dian Cécht heilte die Wunde und stellte Midirs Auge wieder her.[2] Er wird mit Kranichen und Schwänen assoziiert, und in wenigstens einer Geschichte verwandelt er sich in einen Schwan.[3]

Midir ist Ziehvater von Aengus mac Og, dem Sohn des Dagda. Er hatte zwei Frauen: die Zauberin Fuamnach und die Königstochter Etain. Die Rivalität zwischen diesen beiden Frauen steht im Zentrum der Erzählung *Tochmarc Étaín*. Midir hat zwei Töchter, Ailbe und Doirind.[4]

Der bekannteste mit ihm assoziierte Ort ist Brí Leith (der graue Hügel) im County Longford.

Manche moderne Praktizierende bringen Midir mit dem Mond in Verbindung, was aber als unsicher gilt. Man kann ihn auch als Gott der Kompromisse und Verhandlungen, des Gleichgewichts und der Hingabe sehen. Als Opfergaben kommen Milch, Wasser und frische Kräuter in Frage.

Quellenverweise

1 Ó hÓgáin, 2006
2 Leahy, 1906
3 Smyth, 1988
4 MacKillop, 1998

NECHTAN

Auch als Neachthan bekannt, war dieser Gott der Besitzer oder Hüter von Connla's Well, einer heiligen Quelle der Weisheit, aus der nur er selbst und seine drei Mundschenke Wasser schöpfen durften. Manche moderne Forscher glauben, dass Nechtan ein anderer Name für Nuada Airgetlamh ist, da beide ursprünglich Wassergötter waren.[1] Generell gilt Nechtan als ein Gott der Flüsse und anderen Gewässer.[2]

Nechtan war mit der Flussgöttin Boann verheiratet, die auch als Frau des Elcmar bezeichnet wird, was vermuten lässt, dass Nechtan und Elcmar ein- und derselbe Gott sein könnten. Nach dieser Logik könnte man hier noch Nuada mit hinzuzählen. Der Síd des Nechtan soll der Carberry Hill in Kildare sein.[3]

Quellenverweise

1 MacKillop, 1998

2 Sjoestedt, 2000

3 MacKillop, 1998

NUADA AIRGETLAMH

Als die Túatha Dé Danann nach Irland kamen, war Nuada ihr König. Im *Lebor Gabala Erenn* heißt es, dass er bei ihrer Ankunft in Irland schon seit sieben Jahren regierte. Er wurde abgelöst, als er in der Schlacht seinen Arm verlor. Nachdem sein Arm wiederhergestellt war, regierte er weitere zwanzig Jahre.[1]

Green vermutet, dass Nuadas Name ›Wolkenmacher‹ bedeutet und dass ihm der gallische Gott Nodens, der walisische Nudd/Ludd und möglicherweise der germanische Tyr entsprechen.[2] Die Argumente für die etymologische Verbindung zwischen diesen Gottheiten erscheinen vernünftigt. Sie werden auf die rekonstruierten indogermanischen Wurzeln ›noudont‹ oder ›noudent‹ zurückgeführt, was ›fangen‹ bedeutet, und auf die proto-indogermanische Wurzel ›neu-d‹, was ›erwerben‹ und ›nutzen‹ bedeutet.[3] Doch, wie stets bei rekonstruierten Sprachen, ist das Ganze nur Theorie. Es scheint außerdem eine ziemlich starke mythologische Verbindung zwischen diesen Gottheiten zu bestehen, besonders was den Verlust eines Armes und dessen Ersatz durch eine silberne Prothese betrifft. Ó hÓgáin schlägt für den Namen Nuada die Übersetzung ›Fänger‹ vor und stellt die Theorie auf, dass er mit Nechtan und Elcmar identisch ist.[4] Das schließt er daraus, dass einer der Beinamen Nuadas Necht lautet, was Ó hÓgáin zufolge eine frühere Form von Nechtan ist. Demnach wäre dann Nuada der ursprüngliche Besitzer des Brú na Bóinne. Auch würde ihm dann die Quelle des Flusses

Boyne gehören, die geheime Quelle des Nechtan. Zwar lässt sich das nur schwer beweisen, es würde aber die starke Verbindung zum Wasser erklären, die sich bei der verwandten britischen Gottheit Nodens zeigt. Andere Quellen legen ebenfalls nahe, dass der Gott Nuada mit Nechtan und Elcmar identisch ist. Das macht ihn zum Ehemann der Bóinn (altirisch Bóand), die vom Dagda verführt wird. Und später bringen der Dagda und Aengus, sein Sohn aus dieser Affäre, ihn durch eine List um den Besitz des Brú na Bóinne.[5]

Nuadas bekanntester Beiname lautet Airgetlamh – Silberhand oder Silberarm. Varianten seines Namens lauten Nuadha, Nuadae, Nuadai und Nuodai. Sein Beiname wird alternativ auch Aircetlaum buchstabiert.[6] In der Erzählung *Cath Maige Tuired* heißt es, dass Nuada seinen Arm in der Schlacht verlor. Dian Cécht fertigte mit Hilfe des Schmiedes Credne einen neuen Arm aus Silber für Nuada an, der wie ein echter Arm aussah und auch genauso beweglich war.[7] Im Personenverzeichnis von *Cath Maige Tuired* hat Gray eine Geschichte angeführt, wonach Nuadas abgetrennter Arm nach der Schlacht von einem Falken davongetragen wird.[8]

Wegen dieser Verletzung verlor Nuada seine Königswürde, denn nach dem Gesetz der Túatha Dé Danann durfte nur ein körperlich unversehrter König regieren.[9] Ó hÓgáin schreibt in seinem Buch *The Lore of Ireland*, dass in der ursprünglichen Geschichte Nuada seinen Arm durch einen Unfall mit dem eigenen Schwert verlor oder dass es sich gar um ein absichtliches Opfer handelte. Es soll eine Verbindung zu heilkräftigem Wasser bestanden haben, aber möglicherweise stand Nuadas verlorener Arm auch symbolisch für einen Fluss.[10] Im Mittelalter wurde die Erzählung erweitert und enthielt mehr Details. Nun wird berichtet, dass Nuada im Kampf gegen Streang, einen Krieger der Fir Bolg, seinen rechten Arm verlor.[11] Man trug Nuada vom Schlachtfeld, doch schon am nächsten Tag kehrte er zurück und forderte Streang auf, sich den rechten Arm zu binden, damit ein fairer Kampf gewährleistet sei. Als Streang sich weigerte, boten die anderen Túatha Dé Danann Nuada eine eigene Provinz an, um ihn davon abzubringen, sein Leben in einem unfairen Kampf aufs Spiel zu setzen.[12] Bres wurde König, aber nach sieben Jahren fertigte Dian Cécht den silbernen Arm an. Später ersetzte Dian Céchts Sohn Miach, möglicherweise in Zusammenarbeit mit seinem Bruder Ormiach, die Prothese durch einen Arm aus Fleisch.

Nuada erhielt seine Königswürde zurück, und die zweite Schlacht von Maige Tuired begann.[13] Während der zweiten Schlacht übergab Nuada die Königswürde an Lugh, der dann die Túatha anführte und gegen den furchterregenden Formoren Balor kämpfte, seinen eigenen Großvater.[14] Manchen Texten zufolge regierte Nuada nach seiner Heilung zwanzig Jahre lang, während es in anderen heißt, dass er und Macha in der zweiten Schlacht von Maige Tuired durch die Hand des Formoren-Königs Balor fielen.[15]

Nuadas Vater war Echtach. Er selbst hatte vier Söhne: Tadg, Caither, Cúcharn und den Dichter Etaram sowie eine Tochter, Echtge. Wer seine Mutter war, wird nicht erwähnt.[16] Laut manchen Quellen war er mit Macha verheiratet, eine der beiden Schwestern der Morrígan. Er war im Besitz eines der vier Schätze, die von den Túatha Dé Danann nach Irland mitgebracht wurden, einem Schwert, dessen Hiebe stets den Tod brachten und dem, wenn es einmal aus der Scheide gezogen war, kein Feind entkommen konnte.[17]

Wenn es zutrifft, dass Nuada der ursprüngliche Besitzer des Brú na Bóinne war, ist zu vermuten, dass Nuada, nachdem Aengus den Brú an sich gebracht hatte, in den Síd Chleitigh übersiedelte. In anderen Geschichten heißt es dagegen, er hätte später den Síd Almhu oder Slievenamon als Wohnsitz genommen.[18]

Nuada ist ein Gott des Krieges, der Gerechtigkeit, der Führerschaft, der Jagd, und wenn wir seine Verbindung zu Nechtan und Elcmar anerkennen, können wir in ihm auch einen Gott der Heilung und der Flüsse sehen.[19] Für moderne Praktizierende bietet sich an, Nuada mit Falken oder Habichten, Hunden und Lachsen zu verbinden. Oft wird das Schwert als sein Symbol betrachtet, weil er das magische Schwert besaß, einen der vier Schätze der Túatha Dé Danann.

Als Opfergaben für Nuada eignen sich zum Beispiel Fische sowie Guinness und andere dunkle Biersorten.

Quellenverweise

1 Macalister, 1941
2 Green, 1992
3 Nodens, 2012
4 Ó hÓgáin, 2006
5 Monaghan, 2004
6 Gray, 1983
7 Macalister, 1941
8 Gray, 1983
9 Monaghan, 2004; Macalister, 1941
10 Ó hÓgáin, 2006
11 Ó hÓgáin, 2006; Gray, 1983
12 Ebd.
13 Macalister, 1941; Monaghan, 2004; Ó hÓgáin, 2006
14 Green, 1992
15 Gray, 1983; Macalister, 1941
16 Gray, 1983
17 Berresford Ellis, 1987; Ó hÓgáin, 2006; Jones, 2012
18 Green, 1992; Monaghan, 2004; Ó hÓgáin, 2006
19 Gray, 1983; Jones, 2012

OGMA

Ogma, auch Oghma buchstabiert, trägt die Beinamen Cermait (honigzüngig), Grianeces (Sonnen-Poet) und Grianainech (sonnengesichtig).[1] Er ist ein berühmter Krieger, aber auch für seine Redegewandtheit bekannt. Er, der Dagda und Lugh werden oft als die drei Helden der Túatha Dé Danann bezeichnet.[2]

Als in der Erzählung *Cath Maige Tuired* Lugh zum ersten Mal die Halle des Hochkönigs betritt, fordert Ogma ihn zu einem Kräftemessen auf. Lugh gewinnt. Als Ogma gefragt wird, was er zum Gelingen des Krieges beitragen will, verspricht er, die Könige der Formoren und einen großen Teil des gegnerischen Heeres zu besiegen, und in der letzten Schlacht kämpft er gegen einen der formorischen Könige.

Ogma ist ein Sohn des Elatha. Der Dagda, Bres, Delbaeth und Eloth sind seine Brüder. Bei seinem Bruder Bres handelt es sich aber nicht um den Halb-Formoren Bres, der Hochkönig der Túatha Dé Danann war, so wie sein Bruder Delbaeth nicht mit Ogmas gleichnamigen Sohn verwechselt werden sollte. Ogma ist mit der Dichterin Etan verheiratet, der Tochter des Dian Cécht. Sie haben drei Söhne: Tuireann, Delbaeth und den Dichter Cairpre.[3]

Ogma ist der mythologische Schöpfer des Ogham-Alphabets, das seinen Namen trägt. Wie es heißt, erschuf er das Ogham, um seine Genialität als Gott der Redekunst unter Beweis zu stellen.[4]

Er besitzt ein Schwert namens Orna, das, wenn es aus der Scheide gezogen wird, von allen Taten erzählt, die es schon vollbracht hat.[5] Ogma ist nicht nur als großer Krieger berühmt, sondern außerdem der Gott der Dicht- und Redekunst.

Moderne Praktizierende können ihn für seinen Kampfesmut ebenso ehren wie für seine Wortgewandtheit.

Für ihn als Gott der Dichter lässt sich sehr gut die Harfe als Symbol verwenden, und da zwei seiner Beinamen auf die Sonne hinweisen, eignet sich auch diese als Symbol. Als Opfergabe für Rituale bieten sich Honig oder Met an.

Quellenverweise

1 MacKillop, 1998; Ó hÓgáin, 2006
2 Smyth, 1988
3 Macalister, 1944
4 Calder, 1917
5 Sjoestedt, 2000

2

Die Túatha Dé Danann: Göttinnen

ÁINE

Der Name dieser Göttin ist im Altirischen und im modernen Irisch gleich und bedeutet ›leuchtende Pracht‹ oder ›Glanz‹. Sie wird oft mit der Sonne assoziiert.[1] In der Mythologie wird sie zu den Túatha Dé Danann gezählt, aber im Volksglauben war sie außerdem eine Feenkönigin, die noch bis ins letzte Jahrhundert verehrt wurde. Áines Beinamen lautet ›na gClair‹ (von den Lichtern). Manchmal wird sie Áine Chlair genannt, ein Wort, das möglicherweise mit Irrlichtern oder Sumpflichtern in Zusammenhang steht und ein alter Name für Kerry oder die Gegend um Limerick sein könnte.[2]

In manchen Quellen wird sie als Tochter des Manannán Mac Lir bezeichnet, in anderen heißt es, sie sei die Tochter von Manannáns Ziehsohn Eogabail gewesen, einem Druiden der Túatha Dé Dannan.[3] Wer ihre Mutter war, wird nirgendwo erwähnt. In anderen Quellen ist sie die Tochter des Fer Hi (= Eibenmann) und Frau oder Geliebte Manannáns. In beiden Versionen besteht jedenfalls eine Verbindung zu Manannán.[4] Vermutlich hat Áine zwei Schwestern: Grian (was wörtlich ›Sonne‹ bedeutet) und Finnen (›die Weiße‹).[5]

In den späteren Volkserzählungen ist Áine für ihre Liebesaffären mit Menschenmännern bekannt, und mehrere irische Familien behaupten, von ihr abzustammen. Die bekanntesten sind die Fitzgeralds, die den dritten Earl von Desmond, Gearoid Iarla, Sohn von Áine, und den zweiten Earl von Desmond als ihre Stammväter betrachten. Es heißt, Gearoid sei nicht gestorben, sondern in den Loch Guir gebracht worden, von wo er eines Tages zurückkehren werde. Angeblich erscheint er alle sieben Jahre und reitet auf einem weißen Pferd um den See.[6] In anderen Geschichten heißt es, er lebe in dem See und man könne ihn auf einem weißen Feenpferd unter Wasser reiten sehen. Es gibt aber auch Geschichten, in denen Áine ihn am Seeufer in eine Gans verwandelt.[7] In der Erzählung *Cath Maige Mucrama* heißt es, Áine sei an Samhain von dem König Aillil Aulom vergewaltigt worden. Sie wehrt sich vergeblich und beißt ihm dabei beide Ohren ab. In einer anderen Version tötet sie ihn.[8] Kind dieser Vergewaltigung ist Áines Sohn Eogan, dessen Familie später wegen ihrer Abstammung von der Göttin Anspruch auf die Landesherrschaft erhebt. Demnach sind die Eóganacht eine weitere Familie, die sich als Áines Nachfahren betrachten.[9]

Wie die überlieferten Geschichten über Áine zeigen, ist diese Göttin mit Fruchtbarkeit, Landwirtschaft, Herrschaft, der Sonne und der Liebe verbunden. Rote Stuten gelten als besonderes Symbol für sie. Manche Leute behaupten, Áine könne die Gestalt eines solchen Pferdes annehmen.[10] Auch in allgemeinerer Hinsicht gibt es eine Verbindung zu Pferden. Außerdem spielen Gänse und Schafe in den Geschichten über diese Göttin eine Rolle.

Von dem Hügel Cnoc Áine in Limerick heißt es, er sei während der Besiedlung Irlands nach ihr benannt worden. Damals half sie mit ihren Zauberkräften ihrem Vater dabei,

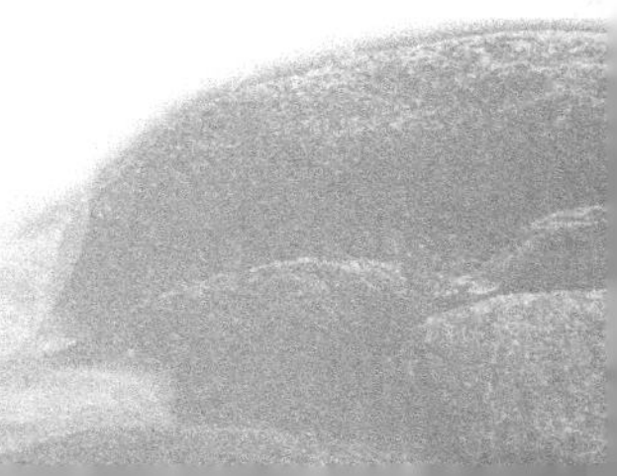

diese Gegend zu erobern.[11] Es gibt noch zwei weitere Cnoc Áine benannte Hügel – einer liegt im County Derry, einer in Donegal.[12] In Ulster gibt es außerdem eine Quelle namens Tobar Áine. Nicht weit von Áines Hügel in Limerick liegt ein Hügel, der den Namen der Göttin Grian trägt: Cnoc Gréine. Manchen Quellen zufolge waren diese Göttinnen Schwestern, und einige Forscher vermuten, dass die beiden Sommersonne und Wintersonne symbolisieren.[13]

Mittsommer war Áines besonderer Festtag. Bis ins 19. Jahrhundert feierten die Menschen diesen Tag mit einer Prozession um den Hügel der Göttin. Dabei trugen sie Strohfackeln, um Áine na gClair zu ehren.[14] An Mittsommer zündete man auf ihrem Hügel Strohbüschel an, mit denen dann den Feldern und dem Vieh der Segen Áines gebracht wurde.[15] Im County Louth gibt es einen Ort namens Dun Áine. Die Menschen dort glauben, dass das Wochenende nach Lughnasa Áine gehört. In manchen Sagen heißt es, während der drei Tage des Lughnasa-Festes sei sie die Gemahlin von Crom Cruach.[16]

Im modernen Kontext wird Áine häufig als Göttin der Liebe, Fruchtbarkeit, Fülle und göttlichen Herrschaft betrachtet. Als Opfer bieten sich landwirtschaftliche Erzeugnisse an, besonders solche, die Sie selbst anbauen, Milch, Sahne oder Backwaren.

Quellenverweise

1 Ó hÓgáin, 2006; Monaghan, 2004
2 Ebd.
3 Ellis, 1987
4 MacKillop, 1998
5 Monaghan, 2004
6 Ellis, 1987; MacKillop, 1998
7 Ellis, 1987
8 Monaghan, 2004; Berresford Ellis, 1987; Ó hÓgáin, 2006
9 MacKillop, 1998; Monaghan, 2004
10 Ebd.
11 Ó hÓgáin, 2006
12 Ebd.
13 MacKillop, 1998; Monaghan, 2004
14 Ellis, 1987
15 Ó hÓgáin, 2006
16 Ebd.; MacNeill, 1962

AIRMED

Airmed oder Airmid im Altirischen, im modernen Irisch Airmeith und Airmedh. Dieses Wort bezeichnet ein Trockenmaß oder Getreidemaß.[1] Sie wird mit der Heilkunst assoziiert, vor allem mit Heilkräutern. Airmed ist die Tochter des Heilgottes Dian Cécht und die Schwester von Miach, Ormiach, Ochtriuil, Cú, Cethan und Cian und sie hat wenigstens eine Schwester, die Dichterin Etan. Wer ihre Mutter war, wird in der Mythologie nicht erwähnt.

In der Geschichte darüber, wie Miach König Nuada heilte, findet Airmed nach Miachs Tod Heilkräuter auf seinem Grab und pflückt sie. Sie breitet die Kräuter auf ihrem Mantel aus und ordnet sie, um das Wissen über ihre Heilwirkungen zu bewahren.[2] In der Geschichte heißt es, Airmed hätte 365 verschiedene Kräuter identifiziert und festgestellt, gegen welches Leiden sie jeweils halfen. Doch Dian Cécht sah das und zerstreute die Kräuter. An späterer Stelle in dieser Erzählung, *Cath Maige Tuired*, begegnen wir Airmed an der Heilquelle ihres Vaters wieder, wo sie mit zweien ihrer Brüder, Octriuil und Miach, die verwundeten Krieger der Túatha Dé Danann behandelt.

Viele Menschen bringen Airmed heute vor allem mit der Kräuterheilkunde in Verbindung. Ich verwende auf meinem Altar einen Mörser mit Stößel als Repräsentation für diese Göttin. Auch wird sie mit einem Kleidungsstück assoziiert, dem auf Irisch ›brat‹ genannten Mantel oder Umhang. Als Opfergaben für Airmed eignen sich Kräuter, Wasser oder Milch.

Quellenverweise

1 MacKillop, 1998; eDIL

2 Gray, 1983

ANU

In den älteren Mythen lautet Anus Name Anand oder Anann. Das bedeutet Reichtum oder Fülle. Geografisch bestehen besondere Bezüge zu Munster und zu zwei Hügeln im County Kerry, die Dá Chich Anann heißen (die zwei Brüste der Anu). Oft wird sie mit Danu verschmolzen, als wären diese beiden Göttinnen identisch, aber es spricht einiges dagegen.

Im *Lebor Gabala Erenn* wird uns gesagt, dass Anand der persönliche Name der Morrígan ist: »Ernmas hatte drei andere Töchter, Badb, Macha und Morrigu, deren Name Anand lautet.«[1] Aber es ist ungewiss, ob man dieser Aussage wirklich vertrauen kann. Möglicherweise sind Anu und Danu, ja sogar die Morrígan, identisch, aber es kann sich bei ihr auch um eine eigenständige Göttin handeln.

Letztlich bleibt Anu rätselhaft, und auch die Wissenschaft ist sich bei ihr nicht einig. Für viele moderne Heiden ist sie eine Art Erdmutter oder göttliche Mutterfigur, andere betrachten sie als ein Symbol weiblicher Autorität und Führungsstärke. Wer zu Anu eine Verbindung aufnehmen und sie ehren möchte, findet in der Mythologie dafür nur wenige Hinweise. Die Alternative besteht darin, sich ihr durch Meditation und persönliches Erleben anzunähern. Die Art der Opfergaben dürfen Sie gern intuitiv selbst entscheiden.

Quellenverweis

1 Macalister, 1944

BADB

Die Göttin Badhbh, deren Name in seiner altirischen Schreibweise Badb geläufiger ist, begegnet uns sowohl als individuelles Wesen wie auch als eine der Morrígans. Ihr Name hat zahlreiche Bedeutungen, darunter *Nebelkrähe, giftig, kriegerisch, gefährlich* und *tödlich.*[1] Von Badb ist bekannt, dass sie in der Lage ist, sich in eine Nebelkrähe zu verwandeln, was auch auf Macha und die Morrígan zutrifft, weswegen generell Krähen und Raben mit ihr in Verbindung gebracht werden. Ihr Beiname lautet Catha, was wörtlich ›Kriegskrähe‹ bedeutet. Das Wort Badb wird manchmal mit ›Hexe‹ übersetzt, kann aber auch generell für eine Frau mit übernatürlichen Fähigkeiten verwendet werden.

Ernmas und Delbaeth sind die Eltern Badbs. Zu ihren Schwestern gehören Macha, die Morrígan, Eriu, Fodla und Banba. Sie hat zwei Kinder, Ferr Doman und Fiamain.[2] Im *Banshenchus* heißt es, sie sei die Ehefrau des Dagda, doch im *Lebor Gabala Erenn* erfahren wir, dass sie eine der zwei Frauen des Kriegsgottes Neit ist. In der Mythologie ist sie häufig Bestandteil eines weiblichen Trios, entweder mit Macha und der Morrígan oder mit Nemain und ›Be Neit‹, einer obskuren Gestalt, deren Name entweder ›Frau des Neit‹ oder ›Frau des Krieges‹ bedeutet.

Im *Ulster-Zyklus* versetzt sie die Gegner der Túatha Dé Danann in Angst und Schrecken und ermutig Cú Chulainn zum Kampf. In einigen Versionen der Geschichte von Cú Chulainns Tod erscheint sie in Gestalt einer Krähe, die über ihm fliegt und zum Zeichen, dass er gestorben ist, auf dem Pfeiler landet, an dem er sich festgebunden hat.[3] Mit ihren Schreien erzeugt Badb Panik, Chaos und Verwirrung unter den Kriegern, wodurch sie den Ausgang einer Schlacht beeinflussen kann. Sie kann Krieger zu Heldentaten anfeuern oder sie durch ihr Kreischen in Schrecken versetzen. Im 9. Jahrhundert soll sie vor einer Schlacht erschienen sein und beide Seiten zu einem Blutbad angestachelt haben.[4] Bei der ersten Schlacht von Maige Tuired sagt der formorische Dichter, als er das schreckliche Blutvergießen in beiden Heeren sieht: »Die rote Badb wird ihnen für die geschlagenen Schlachten danken.«[5] Dieses Thema taucht bei dieser Göttin immer wieder auf. Wie die Aaskrähen liebt sie offenbar die nach einem Gefecht mit Verwundeten und Toten übersäten Schlachtfelder. Oft wird sie deshalb ›rote Badb‹ oder ›Badb mit dem roten Mund‹ genannt.

Badb wird nicht nur mit Tod und Krieg assoziiert, sondern auch mit der Gabe der Weissagung. Nach der letzten Schlacht gegen die Formoren wird von einer großen Prophezeiung berichtet und wir erfahren, dass es Badb ist, die solche Dinge verkündet. Bevor Cú Chulainn in seine letzte Schlacht zieht, sieht er ein böses Omen, eine Frau, die weinend seine blutige Rüstung wäscht. Dabei soll es sich um Badb oder ihre namenlose Tochter gehandelt haben.[6] In späteren Erzählungen ist sie die Wäscherin an der Furt, die den todgeweihten Kriegern erscheint. Wer vor der Schlacht sieht, wie sie seine blutige Kleidung wäscht,

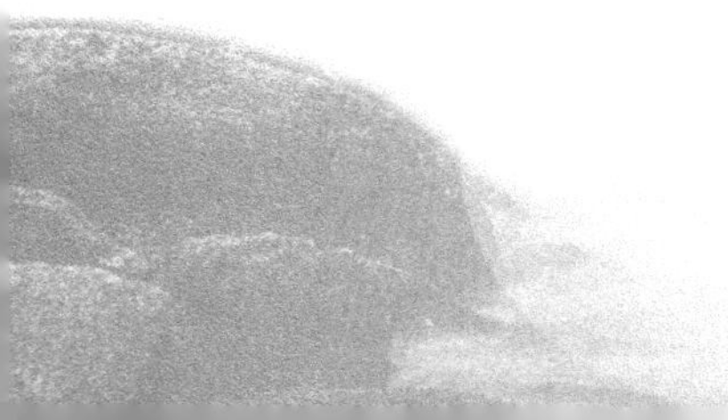

weiß, dass er sterben wird. Daraus entstand später die Figur der Banshee (irisch: ›bean sí‹).[7]

Badb ist eine komplexe Gottheit, die mit Weissagung, Krieg, Tod, Wahnsinn und Magie verbunden wird. Heutige Praktizierende können sich an Badb wenden, weil sie über große Weisheit verfügt und über die Fähigkeit, bei der Linderung der Folgen genau jener Dinge zu helfen, deren Verursacherin sie ist. Diese Göttin ist sehr mit Krähen und Raben verbunden und mit den Farben Schwarz, Weiß und Rot. Als Opfergaben eignen sich Whisky, Rum, Blut, Wasser oder Milch. Manche Anhängerinnen und Anhänger der Badb bringen ihr Opfer, indem sie die Vögel füttern, die mit ihr assoziiert werden.

Quellenverweise

1 eDil
2 Macalister, 1941; Gray, 1983
3 Smyth, 1988; Green, 1992
4 Green, 1992; Ó hÓgáin, 2006
5 Frazer, 1916
6 Ó hÓgáin, 2006
7 Green, 1992

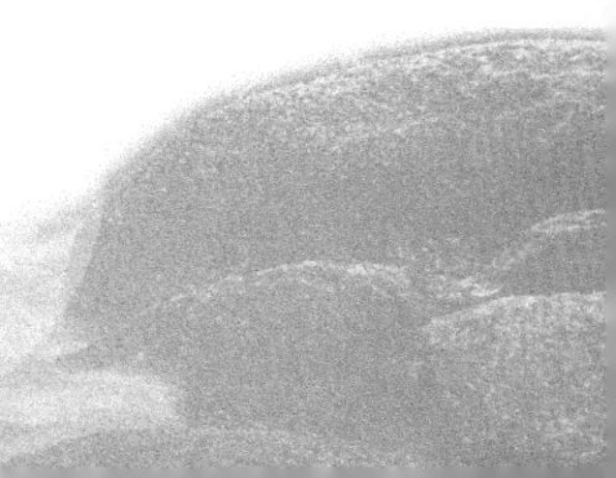

BANBA

Ihr Name, altirisch Banbha geschrieben, bedeutet: ›Ort, wo eine Frau stirbt‹.[1] Banba war eine der frühesten Land- und Herrschergöttinnen von ganz Irland und Dichter benutzen ihren Namen bis heute als Synonym für Irland.

Banba ist die Tochter Eirnins, einer anderen Quelle zufolge jedoch die Tochter des Ernmas. Sie hat zwei Schwestern, Eriu und Fotla. Sie soll die Frau von Etar (›der Große‹) und von Mac Coll (›Sohn des Haselstrauchs‹) gewesen sein.[2] Über ihren Vater herrscht Unklarheit. In manchen Quellen war das Delbeath, anderen zufolge entweder Cian oder Fiachra[3]. Im *Lebor Gabala Erenn* lesen wir, dass zu ihren Schwestern die Morrígan, Badb und Macha gehörten, während es im *Foras Feasa ar Éirinn* heißt, Banba, Eriu und Fotla hätten die Morrígan, Badb und Macha als Göttinnen verehrt.[4] Banbas Tochter Cessair war die Anführerin der ersten Einwanderungswelle nach Irland. Allerdings heißt es in einem Text aus dem 8. Jahrhundert, Banba selbst hätte mit einhundertfünfzig Gefolgsleuten als Erste Irland besiedelt. Erst später wurde das abgeändert und ihre Tochter nahm diesen Platz ein.[5] Ó hÓgáin erwähnt, dass manchen Quellen zufolge Banba die biblische Sintflut überstand, indem sie sich an einem Ort in Irland aufhielt, der nie überschwemmt wurde, was sie zur ersten und ältesten ständigen Bewohnerin der Insel macht.

Im *Banshenchus* wird sie als ›leidenschaftlich‹ beschrieben.[6] In der Geschichte von der Ankunft der Gälen in Irland treffen die Kinder des Mil, als sie zum ersten Mal das Land erkunden, auf Banba, der sie versprechen müssen, dass Irland für alle Zeiten Banbas Namen tragen soll, wodurch einem Herrschaftsanspruch Ausdruck verliehen wird. Es ist aber wahrscheinlich, dass sie ursprünglich eine Souveränitätsgöttin des südlichen Leinster war, vor allem des Countys Meath. Sie hatte eine starke Verbindung zu Tara.[7]

Wer gerne ganz Irland und die irische Kultur ehren und seine Verbundenheit mit der Insel stärken möchte, kann Banba die Ehre erweisen oder dem Trio aus Banba und ihren Schwestern. Als Opfergaben eignen sich irisch-traditionelle Lyrik und Musik sowie bildende Kunst, die Irlands Schönheit darstellt. Aber auch eines der üblichen Opfer in Form von Milch oder Getreide passt sehr gut.

Quellenverweise

1 Ó hÓgáin, 2006
2 MacKillop, 1998; Macalister, 1944
3 MacKillop, 1998; *Banshenchus*
4 Macalister, 1944; Keating, 1857
5 Ó hÓgáin, 2006
6 *Banshenchus*
7 MacKillop, 1998; Ó hÓgáin, 2006

BÓINN

Bóinn im modernen Irisch heißt im Altirischen Boand oder Boann. Abgeleitet ist der Name wahrscheinlich von Bofhionn, was ›weiße Kuh‹ bedeutet. In der Regel wird ihr der Artikel vorangestellt, also ›die Bóinn‹ wie ›der Dagda‹ und ›die Morrígan‹. In der Erzählung *Aislinge Oenguso* spielt die Bóinne eine wichtige Rolle und steht ihrem Sohn Aengus mit Rat und Tat zur Seite.

Der Fluss Boyne ist nach dieser Göttin benannt, und es besteht eine starke Verbindung zum Brú na Bóinne. Auch gilt sie als eine Göttin der Dichtkunst und in frühen irischen Texten heißt es, wer im Juni vom Wasser ihres Flusses trinkt, werde die Gaben der Dichtkunst und der Weissagung erlangen.[1] In einer Version der Geschichte über die Entstehung des Flusses Boyne erfahren wir, dass Bóinn zu Nechtans Quelle ging, die normalerweise nur er selbst und seine Mundschänke aufsuchen durften. Als sie sich näherte, wallte das Quellwasser drei Mal auf und verletzte Bóinn an Bein, Arm und Auge. Sie versuchte zu fliehen, doch das Wasser folgte ihr. So entstand der Fluss.[2] In einer anderen, ähnlichen Variante der Geschichte heißt die Quelle, der sie sich unerlaubt nähert, die Quelle von Segais.[3]

Das Tier der Göttin Bóinn ist die Kuh, vor allem die weiße Kuh. Daragh Smyth vertritt die Auffassung, dass die Verbindung zu den Kühen für die Mondphasen steht, wobei weiße, rote, braune und schwarze Kühe jeweils eine der Mondphasen repräsentieren.[4]

In der Mythologie ist die Bóinn mit Nechtan oder Elcmar verheiratet, bei denen es sich möglicherweise um ein und dieselbe Person handelt. Vielleicht haben wir es hier aber auch mit zusätzlichen Namen des Königs Nuada zu tun und dieser war ihr Gemahl. Bekannt ist außerdem, dass sie eine Affäre mit dem Dagda hatte, aus der ihr Sohn Aengus hervorging. Der Dagda bewirkte durch Zauberei, dass Aengus an einem einzigen Tag gezeugt und geboren wurde, um so den Fehltritt der Flussgöttin vor ihrem Mann zu verbergen. Andere Kinder der Bóinn sind nicht bekannt. Manche Leute vermuten allerdings, dass der Dagda seine Tochter Brighid ebenfalls mit ihr zeugte.

Moderne Praktizierende können, durch Gebet oder Anrufung, diese Göttin um Unterstützung in den Bereichen Dichtkunst, Weissagung und Wohlstand bitten, aber auch in allen anderen Angelegenheiten, bei denen ein Zusammenhang zur Mythologie der Bóinn besteht. Als Opfergaben passen Milch, Sahne, Butter oder frisches, klares Wasser.

Quellenverweise

1 Ó hÓgáin, 2006
2 Ebd.
3 MacKillop, 1998
4 Smyth, 1988
5 Ó hÓgáin, 2006

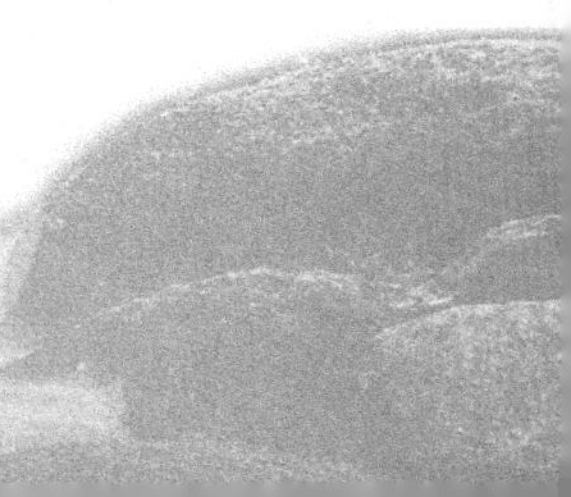

BRIGHID

Von diesem Namen gibt es viele Varianten, alt und modern. Sie wird auch Brighid, Brigid oder Bríd genannt, im Altirischen überdies Brig oder Bric. Brig hat viele Bedeutungen, unter anderem Autorität, Stärke, Vitalität und Macht.[1]

Bei Brighid handelt es sich um eine komplizierte Gottheit, die sowohl als Individuum betrachtet werden kann wie auch als drei Schwestern, die alle den gleichen Namen tragen. Sie gilt in der Regel als zuständig für Dichtkunst, Heilkunde und das Schmiedehandwerk. Ó hÓgáin schreibt, dass Brighid die Dichterinnen und Dichter beschützt und inspiriert und außerdem reiche Ernteerträge in der Landwirtschaft begünstigt. In einem Glossar aus dem 9. Jahrhundert heißt es, dass »bei den Iren eine Göttin für gewöhnlich eine Brigit genannt wird«.[2] Viele, wenn nicht alle, irischen Götternamen sind tatsächlich Titel oder Beinamen. Es lässt sich also schwer beurteilen, wie bedeutsam dieser Glossareintrag ist und was er über die Glaubensvorstellungen der früheren heidnischen Periode aussagt, aber zumindest wird Brighids Bedeutung erkennbar.

Brighid ist die Tochter des Dagda und einer unbekannten Mutter. Durch ihren Vater hat sie viele Geschwister. Dazu zählen Aengus mac Og, Cearmait, Aodh Caomh, Conan, Midir, Bodhbh Dearg und Ainge.[3] In einigen Fassungen des *Lebor Gabala Erenn* wird sie als Mutter der drei Götter von Danu bezeichnet, was manche Leute zu der Annahme veranlasst, sie selbst wäre die Gottheit Danu. Es lässt sich heute nicht mehr mit Sicherheit sagen, ob das zutrifft oder ob es sich dabei um einen mittelalterlichen Versuch handelte, die heidnische Mythologie stärker zu vereinheitlichen. Mit König Bres, der halb Formore, halb Dé Danann ist, hat sie einen Sohn namens Ruadan. In manchen Erzählungen hat sie außerdem mit Tuireann die drei Söhne Brian, Iachar und Iucharba. Allerdings sind dies in anderen Versionen die Söhne der Danu.[4] Möglicherweise ist sie die Großmutter Ecnes, des Gottes der Weisheit, des Wissens und der Erleuchtung.[5]

In späteren Zeiten wurde Brighid mit der katholischen Heiligen Brigid verschmolzen, sodass es oft schwerfällt, die eine Mythologie von der anderen zu unterscheiden. Unsere Informationen über Brighid kommen aus der traditionellen Mythologie, einschließlich des *Cath Maige Tuired* und des *Lebor Gabal Erenn*, und auch aus der Mythologie der gleichnamigen christlichen Heiligen, in der nach weit verbreiteter Auffassung die keltische Göttin weiterlebt. Unter den verschiedenen Autoren herrscht Uneinigkeit darüber, welche Eigenschaften der Göttin und welche der Heiligen zuzuschreiben sind, aber zumindest können wir sagen, dass alle Informationen über Brighid aus dem Sagenzyklus der Túatha Dé Danann sich auf die Göttin beziehen.

Das Fest Imbolc ist Brighid gewidmet und wird am 1. oder 2. Februar gefeiert, wobei allerdings Alexander Carmichael in *The Carmina Gadelica* noch ein älteres Datum erwähnt, den 13. Februar. Dabei handelt es sich vermutlich um den traditionellen Termin vor dem Wechsel vom julianischen zum gregorianischen Kalender, durch den sich alle Termine um zwei Wochen vorverlegten.

In *The Carmina Gadelica* werden mehrere mit diesem Feiertag verbundene Traditionen erwähnt. Dazu zählt, Brighid im Haus willkommen zu heißen, das Haus zu reinigen, es zu segnen und schützende Talismane anzufertigen. In einigen modernen Geschichten wird an Imbolc eine Verbindung zwischen Brighid und der Cailleach hergestellt. Manche Leute sagen, dass die Cailleach Bhur an Imbolc Brighid freilässt, die während des Winters von ihr gefangengehalten wurde. Auch heißt es, Aengus würde seine Schwester retten. In einer anderen Version handelt es sich bei Brighid und der Cailleach um ein und dieselbe Göttin. Demnach verwandelt sich Brighid an Samhain in die Cailleach. An Imbolc trinkt sie aus einer heiligen Quelle und wird in Brighid zurückverwandelt. Die Vorstellung, Brighid und die Cailleach miteinander zu verbinden, ist ganz klar modernen Ursprungs. Sie entstand erst im 20. Jahrhundert und erfreut sich heute bei Neuheiden wachsender Beliebtheit.

Brighid besaß mehrere Tiere, die jeweils als die Könige ihrer Spezies galten. Dazu zählten ein Widder, zwei Ochsen und ein Schwein, die laut schrien, »wenn in Irland Plünderungen stattgefunden hatten«.[6] Darin spiegelt sich ihre Verbindung zu den Haustieren und, symbolisiert durch die Tiere, zu mehreren Gruppen in der Gesellschaft, etwa Frauen, Bauern und Kriegern. Ó hÓgáin sieht in ihr eine Muttergöttin und stellt einen Bezug zwischen der Rolle der heiligen Brigid als Ziehmutter Jesu und der heidnischen Göttinnenrolle als Muttergottheit her. Brighid wird auch mit Trauer assoziiert. Ihr Wehklagen nach dem Tod ihres Sohnes Ruadán soll die erste Totenklage Irlands gewesen sein.[7]

Es gibt in fast jedem County in Irland Brighid geweihte Heilquellen. Die bekannteste befindet sich in Kildare in der Nähe der Black Abbey. Am Abend von Imbolc legte man ein Stück Stoff ins Freie, damit es von der Göttin/Heiligen gesegnet wurde. Dieser ›Brat Bhride‹ (Brigids Mantel oder Umhang) genannte Talisman verfügte dann während des Jahres über heilende Kräfte. Brighid ist die Schutzgöttin von Leinster. Außer zu Kildare gibt es auch eine starke Verbindung zu Corleck Hill im County Cavan.[8] Carmichael schreibt, Brighids Vogel sei der Austernfischer, der auf Schottisch Bridein, Brides Vogel, und Gille Bride, Page der Bride, heißt. Der Hänfling gilt ebenfalls als Brighid-Vogel. Sein Name lautet ›bigein‹ Bride, kleiner Vogel der Bride. Die Blume der Brighid ist der Löwenzahn.

Brighid wird für gewöhnlich mit Dichtkunst, Heilung, Schmiedehandwerk, Fruchtbarkeit, Haustieren, Mutterschaft, Feuer, Wasser und von manchen Menschen auch mit Trauer assoziiert. Als Opfergaben infrage kommen Milch, Butter, Käse und Brot, traditionell auch Hühner. Darin spiegelt sich Brighids Zuständigkeit für Landwirtschaft, insbesondere Milchprodukte.

Quellenverweise

1 eDIL
2 Ó hÓgáin, 2006
3 Ebd.
4 Daimler, 2016
5 MacKillop, 1998
6 Macalister, 1944
7 Ó hÓgáin, 2006
8 MacKillop, 1998

CLIODHNA

Cliodhna, auch als Clíona bekannt, wird in der älteren Mythologie den Túatha Dé Danann zugerechnet, während sie im modernen Volksglauben eine Feenkönigin ist. Ihr Name bedeutet vermutlich ›Hüterin des Territoriums‹, was auf ihre frühe Rolle als Souveränitätsgöttin hinweist.

Ihr Beiname lautet Ceannfhionn (blondhaarig) und manchmal wird sie ›die Wohlgeformte‹ genannt.[1] In vielen Erzählungen wird sie als auffallend schön beschrieben.

Ihre Schwester war Aibheall. Ihr Vater Gebann war der Druide von Manannán mac Lir.[2] Es finden sich keine Informationen darüber, wer ihre Mutter war und ob sie Kinder hatte. Mehrere sterbliche Familien betrachten sie als ihre Stammmutter, darunter die McCarthys und die O'Keefes, und sie war dafür bekannt, sich sterbliche Geliebte zu wählen.

Cliodhna soll gerne in Gestalt eines Zaunkönigs erschienen sein, weswegen dieser Vogel mit ihr assoziiert wird, und sie wird oft mit den Bean Sidhe aus der Anderswelt in Verbindung gebracht. Manchen Berichten zufolge soll sie selbst ein solches Geistwesen sein oder sogar deren Königin, während sie in anderen Geschichten allgemeiner als die Königin der Feen von Munster in Erscheinung tritt.

Sie besitzt drei magische Vögel, die sich von Äpfeln aus der Anderswelt ernähren und in der Lage sind, Menschen in den Schlaf zu singen und sie dann zu heilen.[3]

Cliodhna wird sehr oft mit dem Meeresstrand und den Wellen in Verbindung gebracht, und die Tide bei Glandore im County Cork wird ›die Welle der Cliodhna‹ genannt.[4] Es existieren mehrere Erzählungen, in denen sie im Meer vor Glandore ertrinkt, nachdem sie die Anderswelt verließ, entweder um Aengus für sich zu gewinnen oder um mit ihrem sterblichen Geliebten, einem Krieger namens Ciabhán, zu leben. In vielen Geschichten wird ihr leidenschaftliches Wesen und ihre Vorliebe für Dichter beschrieben und in den späteren Geschichten, in denen sie als Feenkönigin auftritt, wird geschildert, wie sie gutaussehende junge Dichter entführt oder ihnen erscheint und versucht, sie zu verführen. Auch steht sie in diesen späteren Erzählungen in dem Ruf, junge Männer zu verführen und zu ertränken.[5]

Cliodhna gilt als besonders mit der Provinz Munster und dort vor allem mit Cork verbunden, wo sie an einem Ort namens Carraig Chlíona (Cliodhnas Felsen) wohnt.[6] Sehr wahrscheinlich handelt es sich bei ihr um eine der frühen Souveränitätsgöttinnen von Munster. Dass sie im Volksglauben bis heute eine wichtige Rolle spielt, belegt, wie tief sie in der örtlichen Überlieferung verankert war.

Moderne Praktizierende können Cliodhna als Souveränitätsgöttin oder als Ahnengöttin bestimmter Familien verehren. Da sie aber im jüngeren Volksglauben mit den Bean Sidhe in Verbindung gebracht und ihr nachgesagt wird, sie würde jungen Männern, insbesondere Dichtern, Leid zufügen, rate ich allerdings im Umgang mit ihr zur Vorsicht.

Als Opfer bieten sich, wie traditionell als Gaben für die Götter und Feen üblich, Milch und Brot an, außerdem Gedichte, die Cliodhna ja offensichtlich mag.

Quellenverweise

1 Ó hÓgáin, 2006; MacKillop, 1998
2 Smyth, 1988; MacKillop, 1998
3 Ebd.
4 Ó hÓgáin, 2006
5 Smyth, 1988
6 Ó hÓgáin, 2006

DANU

Im modernen Irisch heißt sie Danu, doch im Altirischen wird der Name dieser Göttin nur in der Genitivform Danann oder Danand (und ähnlichen Varianten) verwendet.

Ihre Herkunft ist unklar, es heißt aber in einigen Mythen, sie sei die Tochter von Delbeath und Ernmas. Gleichzeitig soll sie die Mutter dreier Söhne des Delbeath gewesen sein, wozu sich aber in verschiedenen Texten widersprüchliche Angaben finden.[1] In der Erzählung *Cath Maige Tuired Cúnga* ist sie die Ziehmutter der Morrígan, Machas und Badbs.[2] Allgemein gilt sie als Mutter der Götter, weil Túatha Dé Danann üblicherweise mit ›Volk der Göttin Danu‹ übersetzt wird.

Danu wird als Hexe der irischen Götter und auch als die Druidin der Götter beschrieben.[3] Es wird berichtet, dass Danu zusammen mit Macha, Badb und der Morrígan die Krieger in der ersten Schlacht von Maige Tuired in den Kampf begleitet, und später heißt es in der Erzählung, dass bei einem anderen Gefecht zusätzlich Bechuille bei ihnen ist und dass die fünf Göttinnen Pfähle in den Boden rammen und so die Krieger daran hindern, vom Schlachtfeld zu fliehen.[4]

Alte Mythen über Danu sind nicht erhalten, aber mehrere moderne Autoren, darunter Peter Berresford Ellis und Alexej Kondratiew, haben Versionen einer keltischen Schöpfungsgeschichte verfasst, in denen sie eine Rolle spielt. Zwei Hügel in Kerry, die ›Zwei Brüste der Danu‹, tragen ihren Namen.[5]

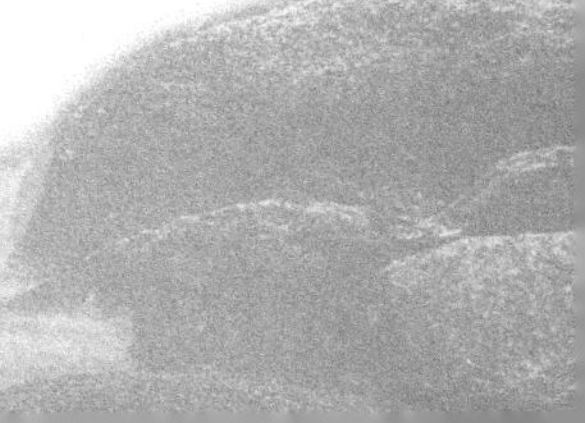

Viele irische Neuheiden betrachten Danu als Mutter- und Landgöttin. Oft wird sie als Urmutter und Gebärerin allen Lebens verehrt, und, so habe ich selbst es erlebt, als irische Version der griechischen Gaia.

Quellenverweise

1 Keating, 1857; Macalister, 1944
2 Frazer, 1916
3 Keating, 1857; Macalister, 1944
4 Frazer, 1916
5 Keating, 1857

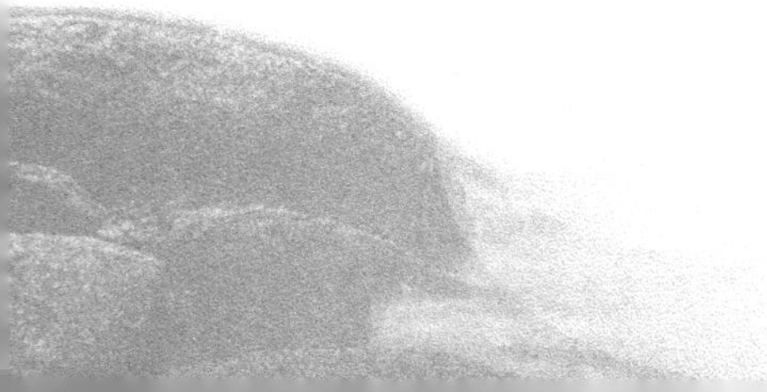

ERIU

Erius Name ist vermutlich von einem frühen keltischen Wort für ›Land‹ abgeleitet und auf diese Weise zum Synonym für Irland selbst geworden.[1]

Der König Mac Gréine (wörtlich: Sohn der Sonne) war Erius Ehemann und im *Banshenchus* wird sie als Gemahlin des Cetar (vermutliche Bedeutung: ›der Erste‹) bezeichnet, was ein anderer Name für Mac Gréine sein kann.[2] Auch ist sie die Geliebte des Formoren-Königs Elatha und Eochaid Bres ihr gemeinsamer Sohn.[3] Delbaeth ist Erius Vater, Ernmas oder Einin ihre Mutter. Ihr Ziehvater trägt den Namen Codal.[4] Da sie als Schutzgöttin von ganz Irland gilt, kann man davon ausgehen, dass Eriu gemeint ist, wenn in einer Erzählung eine solche Macht des Schutzes oder der Herrschaft personifiziert wird, ohne sie namentlich zu bezeichnen. Diese Auffassung vertritt MacKillop in seinem *Dictionary of Celtic Mythology*. Darin vermutet er außerdem, dass es sich bei Lughs Gemahlin in der Erzählung *Baile in Scáil* um Eriu handelt, obwohl der Name dieser Gemahlin nie genannt wird.

Erius Wohnstätte war Uisneach in Meath, ein wichtiges Kultzentrum im heidnischen Irland.[5] In der bekanntesten Eriu-Sage wird berichtet, dass Eriu den Gälen anbot, deren Eroberung Irlands zu segnen, wenn sie ihr versprachen, dass die Insel auf ewig Erius Namen tragen werde. Der Druide Amergin leistete der Göttin diesen Schwur und von da an gelang den Milesiern die siegreiche Eroberung Irlands. Es heißt, Eriu trage Diademe und Ringe, und obwohl sie häufig als Landgöttin beschrieben wird, veranlasst diese Ring- und Kreissymbolik sowie die Ehe mit Mac Gréine manche Forscher zu der Annahme, sie sei eine Sonnen- oder Mondgöttin.[6]

Im *Banshenchus* heißt es, sie sei »von wildem Temperament« und sie und ihre beiden Schwestern besäßen »die Gabe der Rede«.[7] In der Geschichte von Erius Treffen mit den Gälen reagiert sie auf eine Beleidigung durch den Milesier Donn, indem sie sofort seinen Tod weissagt – oder ihn ankündigt. Keine seiner Nachkommen würden in Irland leben dürfen, weil er Eriu beleidigt habe. Sie wird oft mit verschiedenen Gottkönigen assoziiert, was ihre Rolle als Souveränitätsgöttin untermauert.

Neuheiden, die eine spirituelle Verbundenheit mit Irland wünschen, mit der eigentlichen Natur des Landes, können dafür Eriu um Hilfe bitten und ihr huldigen. Es empfehlen sich die traditionellen Opfergaben für die Götter, zum Beispiel Milch oder Butter.

Quellenverweise

1 Ó hÓgáin, 2006
2 *Banshenchus*; Smyth, 1988
3 Gray, 1983
4 MacKillop, 1998
5 Ó hÓgáin, 2006
6 Smyth, 1988; MacKillop, 1998
7. *Banshenchus*

ETAIN

Im modernen Irisch wird ihr Name Eadaoin geschrieben. Das Altirische kennt viele Schreibweisen, unter anderem Etaoin, Étaein, Ettain, Etaine, Etáiniu, Etáini, Étaíne und Edaine. Am gebräuchlichsten ist Etain. Die Etymologie ihres Namens ist unklar, aber man nimmt an, dass er sich von dem Wort Ét (Neid) ableiten lässt und als ›jemand, der Neid hervorruft‹ verstanden werden kann.[1] Etain gilt in der Mythologie als unvergleichlich schön. Sie soll die schönste Frau Irlands gewesen sein. Ó hÓgáin weist darauf hin, dass es sich bei ihrem Beinamen ›Eachraidhe‹ um eine altirische Bezeichnung für ein Pferd handelt, und zwar für jene Pferde, die paarweise einen Streitwagen ziehen.

Was Etains Eltern angeht, sind die Verhältnisse kompliziert, weil es von ihr heißt, sie sei zwei Mal geboren worden. Beim ersten Mal ist sie die Tochter eines Königs namens Ailill. Bei ihrer zweiten Geburt sind ihre Eltern Sterbliche – eine Frau namens Etar und deren Mann, ein Recke und Kriegsheld. In ihrer ersten Inkarnation ist sie die Gemahlin des Gottes Midhier, in der zweiten des Menschenkönigs Eochaid, wird dann aber erneut Midhirs Gemahlin.[2] Mit Eochaid hat sie die Tochter Esa und eine weitere Tochter namens Etain og, ›Etain, die Jüngere‹. Es könnte sich dabei aber auch um einen anderen Namen für die Tochter Esa handeln.[3] Geschwister Etains sind nicht bekannt, aber sie war gut mit Aengus mac Og befreundet.

Am besten erhalten ist die Erzählung *Tochmarc Etaine* (›Das Werben um Etain‹). Darin wird erzählt, wie Midhir mit Aengus' Hilfe erfolgreich um die Göttin wirbt. Sie lebt bei ihrem neuen Gemahl, doch seine erste Frau, die Hexe Fuamnach (›die Lärmende‹), ist eifersüchtig und verwandelt ihre Nebenbuhlerin in eine Wasserpfütze, dann in einen Wurm und dann in eine violette Fliege, doch Midhir liebt Etain noch immer. Da beschwört Fuamnach einen Wind herauf, der die Fliege davonweht. Nachdem Etain jahrelang von diesem Wind hierhin und dorthin getrieben wurde, findet Aengus sie schließlich und bringt sie in den Brú na Bóinne, wo er sie vor dem magischen Wind der Hexe beschützt. Doch Fuamnach erfährt von diesem Versteck. Es gelingt ihr, Aengus abzulenken, woraufhin sie Etain erneut mit dem Wind davonbläst. Diesmal fällt Etain in den Becher der Menschenfrau Etar, die schwanger wird. Durch sie wird Etain wiedergeboren. Als sie zum zweiten Mal erwachsen geworden ist, heiratet sie einen König der Menschen, doch Midhir, der sie immer noch liebt, spürt sie auf und will sie zurückgewinnen, indem er sie an ihre göttliche Natur erinnert. Damit hat er schließlich Erfolg: Er und Etain fliegen als Schwäne davon und er bringt sie heim in seine Burg.[4]

Diese erzählerischen Motive unterstreichen ihre Rolle als Souveränitätsgöttin und ihr auf Pferde hinweisender Beiname verbindet sie mit anderen keltischen Göttinnen wie Rhiannon und Epona.[5]

Etain kann für moderne Praktizierende auf vielfältige Art von Bedeutung sein. Aufgrund ihrer Mythologie können wir sie als Göttin verstehen, die uns hilft, schwierige Entscheidungen zu treffen, harte Zeiten zu bewältigen und auch unter widrigen Umständen persönliche Kraft und Macht zu entwickeln. Es gibt Verbindungen zu geflügelten Insekten, vermutlich vor allem zu Schmetterlingen, zu Pferden, Schwänen und zur Farbe Violett. Als Opfergaben für Etain bieten sich frische Blumen oder Kräuter sowie klares Wasser an.

Quellenverweise

1 Ó hÓgáin, 2006
2 Ó hÓgáin, 2006
3 MacKillop, 1998
4 Daimler, 2015
5 MacKillop, 1998
6 *Banshenchus*

FAND

Fands Name bedeutet ›Träne‹ (von *fand*) oder ›zart, weich‹ (von *fann*). Die Etymologie ist unsicher.[1]

Die Mutter dieser Göttin ist Flidais und in manchen Quellen trägt der Vater den Namen Aed. Lí Ban ist Fands Schwester.[2] Fand ist mit dem Meeresgott Manannán verheiratet und die Geliebte des Helden Cú Chulainn.

In der Erzählung *Serglige Con Chulainn* wird beschrieben, wie Fand und ihre Schwester Lí Ban Cú Chulainn im Traum erscheinen und ihn auspeitschen. Cú Chulainn erwacht aus diesem Traum und erkrankt schwer. Lí Ban sucht ihn auf und erzählt, dass Fand sich in ihn verliebt hat.

Er und Fand werden eine Zeitlang ein Liebespaar, bis Cú Chulainns Ehefrau interveniert und darum kämpft, ihren Mann zurückzugewinnen. Schließlich schreitet Manannán ein. Durch einen magischen Umhang bewirkt er, dass Fand und Cú Chulainn einander vergessen und wieder in ihre bisherigen Lebensverhältnisse zurückkehren.

Moderne Praktizierende können Fand, weil sie Manannáns Frau ist, als Meeresgöttin verehren oder als Göttin der Liebe. Als Opfergaben bieten sich Milch, Honig und Brot an.

Quellenverweise

1 MacKillop, 1998; eDIL

2 MacKillop, 1998

FLIDAIS

Ihr Name, modern Fliodhais und im Altirischen Flidais, bedeutet vermutlich ›die Nasse‹. Es besteht bei ihr eine besondere Beziehung zur Milch und dem Melken.[1] Ihr Beiname lautet Foltchaoin, ›weichhaarig‹. Monaghan vertritt die Auffassung, dass ihr Name ›Ricke‹ (weibliches Reh) bedeutet und sieht Parallelen zwischen Flidais und kontinentalen Göttinnen wie Arto, Artemis und Diana.[2]

Laut einer Quelle war sie mit Adammair verheiratet und hatte einen Sohn, Nia Segamain.[3] Im *Lebor Gabala Erenn* werden folgende Kinder der Göttin Flidais genannt: Arden, Be Chuille, Dinand und Be Teite, und im *Metrical Dindsenchas* ist sie als Fands Mutter aufgeführt.[4] So wissen wir also, dass sie wenigstens fünf Töchter und einen Sohn gebar. In der Erzählung *Táin Bó Flidhais* (›Das Wegtreiben von Flidais' Rindern‹) erscheint sie als Sterbliche, die die Geliebte des Fergus mac Rog und Ehefrau des Ailill Finn ist.[5] Flidais war eine so lustvolle Liebhaberin, dass sie Fergus, der normalerweise sieben Frau brauchte, um befriedigt zu werden, ganz allein zufriedenstellen konnte.

Flidais besitzt eine Kuh, die enorme Mengen Milch gibt, und ein großes Rudel Hirsche, die sie als Haustiere hält. Ihre Töchter Be Chuille und Dinand werden ›die Bäuerinnen‹ genannt, was ihre Verbindung zur Landwirtschaft betont, und ihr Sohn Nia Segamain wird im Zusammenhang mit Flidais' Haustieren erwähnt.[6] An anderer Stelle heißt es, dass ihre Hirschkühe Milch gaben wie Milchkühe und dass sich ihre Herden aus Hirschen und Kühen zusammensetzten.[7] Einerseits wird sie mit Haustieren assoziiert, andererseits heißt es aber auch, dass alle Tiere zu Flidais' ›Vieh‹ gehörten.[8] In mehreren Erzählungen wird geschildert, wie Flidais mit den Erträgen ihrer magischen Tiere eine große Anzahl Menschen verköstigt: In *Táin Bó Cúailnge* (›Rinderraub von Cooley‹) heißt es, dass sie mit der Milch ihrer Herden einmal wöchentlich die gesamte Streitmacht Connachts versorgte, und in *Táin Bó Flidhais* können mit der Milch, die Flidais' eine Zauberkuh bei jedem Melken gab, dreihundert Männer gesättigt werden.[9]

Flidais hat jedoch nicht nur positive Eigenschaften. Im *Banshenchus* erfahren wir, dass sie unter den Menschen offenbar Krieg und Zerstörung befördert. Dort heißt es: »Flidais ... war zwar schlank und schön, doch stieß sie junge Männer ins Verderben. Sie befahl ihnen, hart und unerbittlich zu kämpfen.«[10] Zwar ist das die einzige negative Äußerung über Flidais, doch auch der Umstand, dass sie in *Táin Bó Cúailnge* die Ursache des Konflikts ist, deutet darauf hin, dass es bei ihr einen Aspekt gibt, der Gewalttätigkeiten hervorrufen kann.

Moderne irische Heiden assoziieren Flidais oft mit Wäldern und wilden Tieren, obwohl sie in der Mythologie ebenso stark mit Haustieren verknüpft wird. Hirsche und Rinder sind die Tiere, die Flidais in der Mythologie zugeordnet werden. Man kann deshalb Figuren dieser Tiere als Sinnbilder für Flidais benutzen. Flidais' Kinderreichtum und ihre Verbindung zur

Milch und dem Melken verleihen ihr einen mütterlichen Charakter. Durch ihre Rolle als Geliebte des Fergus wird außerdem ihre Sinnlichkeit betont. Sie ist eindeutig eine Göttin der Fülle und des Nahrungsreichtums, die alle nährt, die auf sie vertrauen. Daher eignen sich Milch und Milchprodukte wie Käse, Jogurt oder Butter gut als Opfergaben für Flidais.

Quellenverweise

1 Ó hÓgáin, 2006
2 Monaghan, 2004
3 Leahy, 1906
4 Macalister, 1941; Gwynne, 1906
5 *Lebor na hUidre*
6 Macalister, 1941; Leahy, 1906
7 Keating, 1857
8 Ó hÓgáin, 2006
9 *Lebor na hUidre*
10 *Banshenchus*

FOTLA

Auch Fódla, Fodhla oder Fohla geschrieben, ist sie eine weitere namengebende Souveränitätsgöttin Irlands. Ihr Name bezieht sich vermutlich auf eine archaische Bezeichnung für Grasland.[1] Wie ihre Schwestern wird sie mit souveräner Herrschaft und dem Land selbst assoziiert.

Je nach Quelle handelte es sich bei ihrer Mutter entweder um Eirnin oder Ernmas und Banba umd Eriu waren ihre Schwestern.[2] Delbeath war ihr Vater und die Morrígan, Macha und Badb gehörten ebenfalls zu ihren Schwestern. Sie war die Frau des Kriegers Mac Cécht, einem der Könige der Túatha Dé Danann. Auch wird sie als Gemahlin Detars bezeichnet, bei dem es sich aber möglicherweise um einen anderen Namen für Mac Cécht handelt.[3]

Fotla trat am Slieve Felim in Limerick den gälischen Eroberern entgegen und forderte von ihnen, dass Irland für immer Fotlas Namen tragen solle.

Der Begriff Fotla ist heuzutage zwar kaum noch bekannt, gilt aber nach wie vor als poetischer Name für Irland.[4] Daragh Smyth bringt Fotla mit der Souveränität der irischen Krieger in Verbindung.

Wenn Sie Ihre Verbundenheit mit der Insel, dem Land oder den Menschen stärken möchten, können Sie Fotla die Ehre erweisen und Verbindung zu ihr aufnehmen, indem Sie Ihre Kenntnisse der irischen Geschichte, Sprache und Kultur vertiefen. Es bieten sich traditionelle Opfergaben wie Milch, Butter oder Getreide an.

Quellenverweise

1 MacKillop, 1998
2 Ó hÓgáin, 2006
3 Smyth, 1988; *Banshenchus*
4 MacKillop, 1998

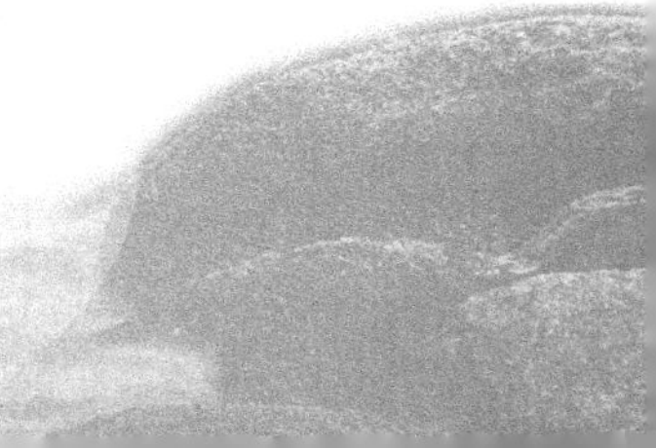

MACHA

Machas Name bedeutet vermutlich ›Ebene‹ oder ›Feld‹, was sie zum Land und der Souveränität in Beziehung setzt.[1] Im Altirischen hat das Wort noch mehrere andere Bedeutungen, unter anderem Nebelkrähe und Melkhof. Im heutigen Irisch bedeutet das Wort ›Viehgehege‹ oder ›Viehweide‹, außerdem eine Gruppe guter Rinder auf einer Weide, oder, als Bren Bo Macha, eine Herde.[2] Im *Dindsenchas* steht, dass Machas anderer Name Grian lautet: »Ihre beiden Namen, die man im Westen nur selten hörte, waren strahlende Grian und reine Macha.« Und: »Im Westen war sie Grian, die Sonne des weiblichen Geschlechts.«[3] Das Wort Grian hat ebenfalls mehrere Bedeutungen: Sonne, Leuchten, Glanz, Strahlen, Lichtkörper.

Macha tritt in der irischen Mythologie in verschiedenen Gestalten auf, von denen nicht alle offensichtlich göttlicher Natur sind. Die Forscher stimmen aber überein, dass diese sich voneinander unterscheidenden Rollen ein verbindendes Muster aufweisen, an dem sich zeigt, dass wir es in diesen Geschichten stets mit demselben göttlichen Wesen zu tun haben. Sie begegnet uns zunächst im Gefolge Partholons, dann als eine Nemederin, als Angehörige des Volkes der Túatha Dé Danann, als Fee und als Königin. Darüber, in welchem Bezug diese fünf ›Auftritte‹ Machas zueinander stehen, gehen die Meinungen der Forscher allerdings auseinander, weswegen wir alle Variationen präsentieren.

Wegen Machas unterschiedlichen mythischen Erscheinungsformen sind die Angaben zu ihren Eltern verwirrend. In einer Geschichte ist sie die Tochter Partholons, in einer anderen ist Sainrith mac Imbaith ihr Vater.[4] Als Túatha Dé Danann ist sie die Tochter von Ernmas und Delbeath und die Schwester von Badb und der Morrígan. Manche sind der Auffassung, diese drei Schwestern würden die Triade der Morrígan bilden. Im *Lebor Gabala Erenn* heißt es: »Delbaeth hat ... drei Töchter, die berühmten Kriegsfurien Badb, Macha und Morrígan.«[5] In manchen Quellen, zum Beispiel dem *Sanas Cormaic*, wird Macha selbst als Morrígan bezeichnet, da es sich bei Letzterem sowohl um einen Namen wie auch um einen Titel handelt. Möglicherweise war sie außerdem die Gemahlin des Gottes Nuada Airgetlamh.[6] In Machas anderen Mythen ist sie mit Nemed, mit Crunnchu und Cimbaeth verheiratet und die Mutter von Fial und Fer.[7]

In der ersten Geschichte heißt es, sie gehöre zum Volk des Partholon, den zweiten Besiedlern Irlands, aber mehr erfahren wir nicht über sie. Partholons Volk stirbt an einer Seuche.

Als Nächstes tritt sie als Frau Nemeds auf, der den dritten Besiedlungsversuch Irlands anführt. In dieser Erzählung stirbt sie bei dem Versuch, die Ebenen Irlands zu roden, um sie für die Landwirtschaft zu erschließen.[8] In anderen Versionen rodet sie das Land, erlebt dann eine prophetische Vision des zukünftigen *Táin Bó Cúailnge* voller Tod und Zerstörung und stirbt an gebrochenem Herzen und in einer weiteren Version rodet ihr Mann das Land und sie stirbt dort, worauf er es nach ihr benennt.[9] Diese Geschichten weisen kosmogonische Züge auf und bringen Macha in Verbindung zur Erschaffung der Erde und ihren Erzeugnissen. Sie passt damit in das Muster anderer irischer Göttinnen, die das Land roden, um Raum für die Zivilisation zu schaffen, und dabei ihr Leben opfern. Die Verbindung ihres Namens zu Kühen und dem Melken sowie zu Äckern und Viehweiden deutet auf ihre Rolle als Landgöttin hin und passt zur Symbolik der nemedianischen Erzählung.

Als Angehörige des Göttergeschlechts der Túatha Dé Danann begleitet Macha die Männer ihres Volkes in die Schlacht, und zwar im ersten *Cath Maige Tuired* und dann im zweiten, der Schlacht geben die Formoren. Es heißt, dass Macha zusammen mit Nuada durch die Hand Balors fiel.[10] In der ersten Schlacht von Maige Tuired agiert sie gemeinsam mit ihren Schwestern, also Badb und der Morrígan. Sie wenden Magie gegen die Feinde an, schicken ihnen Regen und Nebel und lassen Blut und Feuer auf sie niedergehen. Bei der zweiten Schlacht von Maige Tuired werden die drei Morrígan-Schwestern als Ban-droithe, Druidinnen, bezeichnet.[11] Daran sehen wir, dass sie nicht nur Kriegerin ist, sondern auch Magierin, wobei sie vor allem Kriegszauber betreibt.

Als Nächstes begegnet sie uns als Fee, die einen Bauern namens Crunnchu heiratet und mit Zwillingen schwanger wird. Er geht auf ein Fest des Königs, der mit der Schnelligkeit seiner Pferde prahlt. Obwohl Macha Crunnchu gewarnt hat, mit niemandem über sie zu sprechen, gibt der Bauer damit an, seine Frau könne schneller laufen als jedes Pferd. Der wütende König verlangt, dass Crunnchu sofort Macha zum Rennplatz bringen soll, wenn ihm sein Leben lieb sei. Macha bittet um Aufschub, weil ihre Wehen begonnen haben, aber der König lehnt ab. Macha gewinnt, bricht unmittelbar hinter der Ziellinie zusammen und bringt ihre Zwillinge zur Welt. Bevor sie stirbt, verflucht sie noch die Männer von Ulster: Sie würden künftig so schwach sein »wie eine Frau bei der Geburt«, und zwar in den Zeiten, wenn sie ihre Stärke am meisten benötigen, und diese Schwäche werde »neun Mal neun« Generationen andauern. (Allerdings stirbt Macha in manchen Versionen dieser Geschichte nicht, sondern kehrt einfach in die Anderswelt zurück, weil Crunnchu sein Versprechen gebrochen hat, niemandem etwas über sie zu verraten.) Dem *Metrical Dindsenchas* zufolge bringt sie einen Sohn und eine Tochter namens Fir und Fial zur Welt.[12] Der Ort, an dem das geschehen sein soll, trägt bis heute ihren Namen: Emain Macha. Dort fanden lange Zeit Feste und Versammlungen statt, vor allem an Lunasa.[13]

In der letzten Geschichte ist sie Macha Mog Ruadh, Macha Rothaar, die Tochter eines der drei Könige, die sich die Herrschaft über Irland teilen, indem sie abwechselnd jeweils für sieben Jahre regieren. Diese Macha wird als 76. Herrscherin Irlands aufgeführt und soll im 4. Jahrhundert vor Christus regiert haben.[14] Als ihr Vater stirbt, nimmt Macha seine Position ein, doch die beiden anderen Könige widersetzen sich, weil sie die Herrschaft nicht mit einer Frau teilen wollen. Sie kämpft gegen sie und siegt und am Ende ihrer sieben Jahre weigert sie sich, die Herrschaft an einen der beiden Könige abzutreten, weil sie durch den Sieg im Kampf Königin geworden ist, nicht durch Abstammung. Einer der Könige stirbt und seine fünf Söhne fordern Macha zum Kampf heraus. Sie erscheint ihnen entweder in Gestalt eines alten Weibes oder einer Aussätzigen und verführt nacheinander alle fünf. Dann fesselt sie die Besiegten und versklavt sie. In manchen Versionen zwingt sie die fünf Brüder, für sie die Festung Emhain Macha zu bauen. Am Ende der Erzählung heiratet sie Cimbaeth, den Überlebenden der drei Könige. In dieser Geschichte steckt eine Menge mystische Symbolik: die Anzahl der Könige und Jahre, der Umstand, dass Macha getarnt als altes Weib oder Aussätzige zu den fünf Söhnen geht und dass sie zu guter Letzt den verbliebenen König heiratet und ihm so zur alleinigen Herrschaft verhilft.

Die abgehackten Köpfe feindlicher Krieger, die im Kampf als Trophäen gesammelt wurden, nannte man ›Mesrad Macha‹ oder ›Machas Nussernte‹, was ihre Rolle als Kriegsgöttin unterstreicht.[15] Pferde, Krähen und einige andere Tiere werden stark mit Macha assoziiert. Im *Sanas Cormaic* heißt es, Macha sei ein anderes Wort für Krähe. Sie besaß ein andersweltliches Pferd, das den Namen Liath Macha (Machas Graufell) trug. Es wurde aus der Anderswelt zu Cú Chulainn geschickt und gehörte zu dem Gespann, das seinen Streitwagen zog. Vor Cú Chulainns Tod weinte Liath Macha blutige Tränen. Macha soll eine starke Verbindung zu Pferden haben, weil sie als Macha, die Fee, gegen sie ein Wettrennen gewann. Darin spiegelt sich vermutlich ihre Rolle als Souveränitätsgöttin wider, denn das Pferd war ein Symbol für die Königsherrschaft.[16]

Neben Pferden und Krähen wird Macha mit dem Krieg, mit Zauberei, Herrschaft, dem Recht und dem Land assoziiert. Eine starke Verbindung besteht zu Ulster, besonders zu Armagh (Ard Macha) und dem Navan Fort (Emain Macha). Macalister vermutet in den Anmerkungen zum *Lebor Gabala Erenn*, dass Macha dem Paar Badb/Morrígan später hinzugefügt wurde: »Macha, eine Schwester Badbs, hat eine individuelle Natur und ihren eigenen Kult, wohl vor allem in Armagh (Ard Macha), dessen Namensgeberin sie war.«[17]

Moderne irische Heiden bringen Macha oft mit Frauen und Kindern sowie mit Rechtsfragen in Verbindung, manchmal auch mit dem Thema Schwangerschaft. Während einer Geburt würde ich Macha nur mit einer gewissen Vorsicht kontaktieren, da sie in ihrer Mythologie bei einer Geburt gestorben ist. Oft wird sie auch als Göttin der persönlichen Macht und Stärke betrachtet. Als Opfergaben für Macha kommen unter anderem Hafer und andere Getreidearten, Brot, Milch, Whisky und natürlich Waffen in Frage.

Quellenverweise

1 Sjoestedt, 2000
2 Ó Dónaill, 1977
3 Gwynn, 1924
4 Macalister, 1942; Gwynn, 1924
5 Macalister, 1941
6 Ellis, 1987
7 Gwynn, 1924
8 Macalister, 1941
9 Green, 1992
10 Frazer, 1916; Gray, 1983
11 Gray, 1983
12 Gwynn, 1924
13 MacNeil, 1962
14 Ellis, 1987
15 Sjoestedt, 2000
16 Ó hÓgáin, 2006
17 Macalister, 1941

DIE MORRÍGAN

Andere Formen dieses Names lauten Morrigu, Morrigna und Morrighan und im modernen Irisch Morríghan oder Mórríoghain. Wie bei einigen anderen irischen Gottheiten wird ihrem Namen der bestimmte Artikel vorangestellt. Die Bedeutung des Namens Morrígan ist etwas umstritten, aber es gibt zwei vorherrschende Theorien: Erstens bedeutet er, in etwa, Albtraum-Königin oder Königin der Toten – oft auch mit Geisterkönigin übersetzt – und zweitens bedeutet er Große Königin.[1] Die Bedeutung hängt davon ab, wo das Betonungszeichen, das so genannte Fada, gesetzt wird. Doch leider ist die altirische Ortografie notorisch unzuverlässig. Deshalb gibt es keine eindeutige Antwort auf die Frage, ob der erste Teil ihres Namens ›Mor‹ für ›Phantom, Geist‹ steht oder ›Mór‹ für ›großartig, gewaltig‹. Morrígan wird nicht nur als Name für eine bestimmte Göttin benutzt, sondern auch als Titel für andere Göttinnen mit ähnlichen Zuständigkeitsbereichen.

Die Morrígan ist eine Tochter von Ernmas und Delbeath. Macha und Badb sind ihre Schwestern. Auch die drei Souveränitätsgöttinnen Eriu, Fotla und Banba zählen zu ihren Geschwistern. Im *Lebor Gabala Erenn* heißt es: »Delbaeth ... hat drei Töchter, die berühmten Kriegsfurien Badb, Macha und Mórrigú. Letztere wird manchmal Anand oder Denand genannt.«[2] Die modernen Formen der beiden letzten Namen lauten Anu und Danu. Und in mehreren Quellen werden diese beiden als die wirklichen Namen der Morrígan bezeichnet. Manche gehen noch weiter und bringen sie mit Áine in Verbindung, aber das ist größtenteils Spekulation.[3] Sie ist die Ehefrau des Dagda. Von einem namentlich unbekannten Vater hat sie einen Sohn, Meche. In Meches Herz wohnten drei Schlangen, die ganz Irland hätten zerstören können. Deshalb wurde er getötet.[4] Mit dem Dagda hatte sie eine Tochter, Adair, und laut manchen Quellen insgesamt sechsundzwanzig Töchter und sechsundzwanzig Söhne, die alle Krieger waren.[5]

Der Titel Morrígan wird für mehrere Göttinnen verwendet. Oft tritt sie gemeinsam mit zwei anderen Göttinnen in Erscheinung, die über ähnliche Fähigkeiten verfügen, was zur Vorstellung von der Triade der Morrígan-Göttinnen führte. Diese drei Schwestern, Morrigu, Badb und Macha, werden im *Sanas Cormaic* ausdrücklich ›die drei Morrígans‹ genannt. Die Göttinnen Fea und Nemain werden auch manchmal Morrígan genannt und können zusammen mit den anderen weitere göttliche Triaden bilden.

In der Mythologie spielt die Morrígan eine wichtige Rolle. In der ersten Schlacht von Maige Tuired greifen sie und ihre Schwestern die Firbolg zunächst mit Hexerei an. Dann begleiten sie die Krieger mehrfach aufs Schlachtfeld. Zuletzt richten sie auf dem Schlachtfeld Säulen auf, damit niemand zurückweichen kann und bis zum Ende gekämpft wird. Die Morrígan hilft den Túatha Dé Danann zunächst beim Kampf gegen die Firbolg und später beim Kampf gegen die Formoren, indem sie die Feinde durch Zauberei verwirrt und schwächt.[6]

Im *Banshenchus* wird sie »Morrígan, die mächtige Zauberin« genannt. Dafür gibt es in den Texten viele Beispiele, etwa als sie die Frau Odras in Wasser verwandelt.[7] Im *Cath Maige Tuired* benutzt sie ihre magischen Fähigkeiten, um den formorischen König Indech zu schwächen, ganz wie sie es vor der Schlacht dem Dagda versprochen hatte. Sie nimmt zwei Handvoll seines Blutes und »den Heldenmut aus seinem Herzen und seinen Nieren«. Als Lugh sie in dieser Erzählung fragt, was sie zum Kampf beitragen will, antwortet die Morrígan: »Das ist schnell gesagt ... Ich bleibe standhaft. Ich werde den Feinden nichts durchgehen lassen. Ich werde töten. Ich werde jene vernichten, die besiegt werden müssen.«[8] Am Ende der Schilderung dieser Schlacht heißt es: »Dann kam die Morrigu, Tochter der Ernmas, und ermutigte die Túatha Dé, wild und erbittert zu kämpfen. Daraufhin brachten sie den Formoren eine verheerende Niederlage bei und vertrieben sie aus Irland.«[9] Die Morrígan beherrscht die Kunst der Magie, ist aber auch eine erbitterte Kämpferin und versteht es, den Kampfesmut der Krieger anzuheizen. Am Ende dieser großen Schlacht verkündet sie außerdem zwei Prophezeiungen, eine glückliche Verheißung und eine Warnung vor Unheil, was zeigt, dass sie auch eine große Seherin ist.[10]

Im *Ulster-Zyklus* ist sie die treibende Kraft hinter den Aktivitäten, die zum ›Rinderraub von Cooley‹ (*Táin Bó Cúailnge*) führten. Dabei behindert sie einerseits den Helden Cú Chulainn und andererseits hilft sie ihm. Sie stiehlt von einem Feenhügel eine Kuh und bringt sie nach Ulster, um sie dort von einem berühmten Stier begatten zu lassen, dem Braunen Stier von Cúailnge. Das Kalb dieser Kuh wird dann später eine Rolle spielen, wenn die beiden Stiere zum Kampf angestachelt werden. Als die Morrígan mit der Kuh nach Connacht zurückkehrt, begegnet sie Cú Chulainn und die beiden liefern sich ein Wortgefecht. Dabei prophezeit sie den Rinderraub und kündigt an, dass sie, wenn er kämpft, auftauchen und ihn behindern wird. Das findet tatsächlich statt. Als Cú Chulainn in einer Furt kämpft, attackiert sie ihn, und zwar in drei verschiedenen Gestalten, einmal als Aal, dann als Wolf und schließlich als Färse. Jedesmal verwundet er sie, und weil er zur Hälfte selbst ein Dé Danann und somit Halbgott ist, muss sie ihn mit einem Trick dazu bringen, dass er sie durch seinen Segen heilt. Das gelingt ihr, indem sie ihm als alte Frau mit einer Kuh erscheint und ihm frische Milch anbietet. Er trinkt jedes Mal die Milch und segnet die alte Frau zum Dank. Im *Táin Bó Cúailnge* stachelt die Morrígan außerdem die beiden Armeen gegenseitig zum Kampf an, vor allem bei der letzten Schlacht, wo sie beiden Heerführern im Traum erscheint und sie anfeuert.

Die Morrígan kann sich geschickt tarnen und in vielen Gestalten erscheinen, wobei Krähe oder Rabe am bekanntesten sind. In dieser Vogelgestalt erscheint sie in mehreren Erzählungen des *Ulster-Zyklus*. Sie kann sich aber auch in eine schöne junge Frau oder eine halbblinde Greisin, eine Wölfin, einen Aal oder eine Kuh verwandeln und wechselt innerhalb einer Geschichte oft mehrfach die Gestalt. In der Geschichte *Tain Bó Regamna* erscheint sie als rothaarige und rotgekleidete Frau auf einem Streitwagen, der von einem einbeinigen roten Pferd gezogen wird. Vor der Schlacht von Mag Rath erscheint sie als nackte, grauhaarige alte Frau, die über das Schlachtfeld fliegt und von Speerspitze zu Schildrand aller Krieger springt, die den Sieg davontragen werden.[11]

In Irland sind viele Orte mit der Morrígan verknüpft oder nach ihr benannt. So gibt es eine Furt, die als ›Bed of the Couple‹ (Bett des Paares) bekannt ist, was sich auf das Samhain-Stelldichein der Morrígan mit dem Dagda bezieht, von dem im *Cath Maige Tuired* die Rede ist. Im County Louth liegt Gort na Morrigna, das Feld der Morrígan. Und im County Tipperary gibt es Fulacht na Morrigna, das Herz der Morrígan.[12] Im Boyne-Tal liegt der Hügel der Morrígan, Mur na Morrigna, und es gibt Da Chich na Morrigna, die Brüste der Morrígan.[13] Die Höhle von Cruachnan, auch Uaimh na gCait oder Oweynagat (Höhle der Katzen) genannt, gilt ebenfalls als ein Ort der Morrígan, denn es handelt sich um den Schauplatz einer ihrer Viehdiebstähle.

Die Morrígan wird mit Krieg, Schlachtengetümmel und Tod assoziiert, doch auch in positiver Hinsicht mit Sieg, Strategie, Zauberei und möglicherweise Herrschaft, wobei allerdings keine Einigkeit darüber herrscht, ob sie als Souveränitätsgöttin angesehen werden kann. Mehrere Autoren deuten die Assoziation der Morrígan mit Vieh und Viehrraub aber als Hinweis, dass sie als Souveränitätsgöttin galt. Ó hÓgáin sieht in ihr eine Land- und Muttergöttin, eine Auffassung, die aber wenig verbreitet ist. Sie stärkt den Kampfesmut der Krieger und versetzt jene in Schrecken, denen sie nicht wohlgesonnen ist. Am stärksten wird sie zweifellos mit dem Krieg und dem Schicksal assoziiert, sodass auch eine Verbindung zu den Walküren der nordischen Mythologie in Betracht gezogen wird.[14]

Moderne Heiden können sich aus vielfältigen Gründen dafür entscheiden, die Morrígan zu verehren, unter anderem wegen ihrer Gaben als Prophetin und Zauberin und um Unterstützung für das erfolgreiche Gelingen eines Vorhabens zu erhalten. Manche Heiden im militärischen Dienst erhoffen sich von ihr Stärkung und Unterstützung. Hexen möchten durch die Verehrung der Morrígan ihre eigenen magischen Fähigkeiten stärken. Mögliche Opfergaben sind Milch, Sahne, Butter, Waffen, Whisky. Manche Menschen opfern der Morrígan Blut, was aber eine eher umstrittene Praxis ist.

Quellenverweise

1 eDIL
2 Macalister, 1941
3 Ellis, 1987; Jones, 2009
4 Gwynn, 1924
5 Gray, 1983
6 Gray, 1983; Ó hÓgáin, 2006
7 Gwynn, 1924; *Banshenchus*
8 Gray, 1983
9 Cross & Slover, 1936
10 Gray, 1983
11 Smyth, 1988
12 Ebd.
13 Smyth, 1988; Ó hÓgáin, 2006
14 Jones, 2009

NEMAIN

Nemain wird auch Neman, Nemon oder Nemhain genannt. Ihr Name bedeutet wahrscheinlich ›boshaft, giftig‹ oder ›Raserei, Ekstase‹.[1] Die Etymologie ist jedoch ziemlich unsicher und spekulativ. In *O'Clery's Glossary* heißt es: »Nemain bedeutet Verrücktheit oder Irrsinn.« (Das könnte aber auch übersetzt werden mit: »Nemain bedeutet Zorn und Schrecken.«) In *Cormac's Glossary* (*Sanas Cormaic*) finden wir: »Bé Neit – dabei ist Neit der Name des Mannes. Nemain ist seine Frau. Sie sind wahrlich ein giftiges Paar.« Zwar sind diese Glossare eher fantasiereich ausgeschmückt als faktenbasiert, zeigen aber doch, dass der Name dieser Göttin schon seit sehr alter Zeit mit Boshaftigkeit und Wahnsinn oder Raserei assoziiert wurde.

Nemain soll die Tochter Elcmars sein, des ursprünglichen Besitzers des Brú na Bóinne, wobei es sich aber vermutlich um einen alternativen Namen Nuadas handelt. Fea ist ihre Schwester und verheiratet ist Nemain mit Neit, einem Kriegsgott, über den wir nur wenig wissen. Allerdings kann Bé Neit, das mit ›Frau des Neit‹ übersetzt wird, auch ›Frau des Krieges (oder der Schlacht)‹ bedeuten und erscheint in anderen Texten als Eigenname. Und das Ganze wird noch verworrener: Nemain wird nämlich in manchen Quellen als Frau Nuadas bezeichnet und mit Macha zu einer Person verschmolzen, während sie in anderen Texten als ein Aspekt der Badb beschrieben wird.[2] Im *Lebor Gabala Erenn* erfahren wir, dass Badb und Nemain die zwei

Ehefrauen Nets waren: »Badb und Nemain, die beiden Frauen des Net, Sohn des Indui, waren ohne Falschheit.«[3] In einer anderen Version heißt es, Nets Frauen seien die Schwestern Fea und Nemain, Elcmars Töchter: »Fea und Nemain: die zwei Ehefrauen von Net, Induis Sohn. Sie sind Töchter des Elcmar vom Brú.«[4] Daraus folgert Heijda, dass Fea ein Name Badbs sein könnte, so wie Anand ein anderer Name für Morrigu ist.[5] Macalister ist ebenfalls dieser Ansicht und vermutet, dass Fea und Nemain ein früheres Zwillingspaar waren, aus dem sich später das Paar Badb und Nemain entwickelte. Auch vertritt er die Auffassung, dass Badb zunächst mit der Morrigu eine Dyade bildete, aus der später mit Macha eine Triade wurde.

In vielen populären modernen Büchern wird Nemain zusammen mit Badb und Macha als die drei Morrígans bezeichnet, als wäre Nemain ein anderer Name für die Morrigu. Hennessey vertrat in seinem Buch *The Ancient Irish Goddess of War* von 1870 als Erster die Ansicht, dass die Morrígan-Triade aus Badb, Macha und Nemain besteht, was seitdem oft von anderen Autoren wiederholt wurde. Heijda favorisiert die Idee, Nemain sei ein anderer Name für Badb oder sie bilde mit Badb ein Göttinnen-Paar, getrennt von der Morrígan. Die Gleichsetzung von Nemain und Badb ist weit verbreitet, aber es kommt auch recht oft vor, dass die beiden als eigenständige Göttinnen gemeinsam in Erscheinung treten.

Die primäre mythologische Quelle für Nemain ist *Táin Bó Cúailnge*. In einer Szene der Erzählung ruft Cú Chulainn die übernatürlichen Mächte herbei. Daraufhin erscheint Nemain und »treibt das Heer in den Wahn«.[6] In einer anderen Fassung der Geschichte erscheint Nemain zusammen mit Badb und Bé Neit und die drei versetzen mit ihrem Geschrei die gegnerischen Krieger in Schrecken. Heijda vermutet, dass es sich hier um einen Abschreibfehler handelt. Statt ›Badb *und* Bé Neit und Nemain‹ müsse man diese Stelle so lesen: »Badb, *diese ist* Bé Neit und Nemain.«[7] Das ist vollkommen logisch, weil Bé Neit praktisch nirgendwo als eigenständige Gottheit auftritt und in den Glossaren normalerweise mit entweder Badb oder der Morrígan gleichgesetzt wird, manchmal auch mit Nemain. In der Tat bedeutet der Name Bé Neit einfach ›Frau des Krieges‹ oder ›Frau des Net‹ und könnte eine Bezeichnung für Kriegsgöttinnen sein anstatt ein Eigenname. Das würde erklären, warum sie in den Glossaren oft sofort mit bestimmten andersnamigen Göttinnen gleichgesetzt wird. Am Schluss der Erzählung erscheint Nemain allein in einer ähnlichen Szene wie der ersten. Wieder wird das feindliche Heer »in den Wahn getrieben«, sodass die Krieger sich ins eigene Schwert stürzen und einhundert von ihnen sterben.[8]

In *O'Mulconry's Glossary* lesen wir: »Die rote Nemain, das ist die Hitze eines Feuers, das ist: Leidenschaft und dergleichen.« Es ist interessant, dass O'Mulconry Nemain mit Feuer und Leidenschaft assoziiert, was ihrer Persönlichkeit eine größere Tiefe als in den anderen Darstellungen verleiht. Bemerkenswert ist zudem, dass er sie ›Nemain derga‹ nennt – rote Nemain – ganz wie Badb, die in vielen Quellen die rote Badb oder die rotmündige Badb genannt wird.

Zusätzlich wissen wir, dass Nemain mit ihren Zauberkünsten den Túatha Dé Danann half.[9] Im *Lebor Gabala Erenn* heißt es, sie sei »begabt in der Dichtkunst« gewesen. In einem Text wird sie als schön beschrieben und Richterin genannt.[10] In fast allen Beschreibungen wird sie mit Kampf und Krieg in Zusammenhang gebracht.

Insgesamt lässt sich sagen, dass sie mit Badb und Fea assoziiert wurde und selbst sowohl Badb wie Bé Neit genannt wurde. Oft tritt sie aber gemeinsam mit Badb auf, was darauf hinweist, dass ›Badb‹, wenn es für sie benutzt wird, ein Titel sein muss und sie nicht Badb als Person ist. Wir wissen, dass sie eine der Zauberinnen der Túatha Dé Danann war und dass es über sie heißt, sie sei begabt in der Dichtkunst und »ohne Falschheit« gewesen. Andererseits soll sie boshaft, giftig gewesen sein. Wenn sie in Geschichten eine aktive Rolle spielt, bringt sie ›mesc‹, was übersetzt *Rausch, Wahn, Verwirrung* bedeutet. Diese Zustände ruft sie offenbar durch ihr Geschrei hervor, das bei allen, die es hören, Entsetzen auslöst und die Krieger in solche Panik versetzt, dass sie sich ins eigene Schwert stürzen oder ihre Kameraden erschlagen. Sie verkörpert Wahnsinn, Raserei und vielleicht Kampfeslust.

Unabhängig davon, ob sie nun eine der drei Morrígans war oder nicht, handelt es sich bei ihr doch eindeutig um eine Kriegsgöttin, die eine starke Verbindung zu Badb aufweist. Wenn man das gesamte Quellenmaterial berücksichtigt, erscheint es wahrscheinlich, dass Nemain ursprünglich mit Badb ein Göttinnen-Paar bildete, denn die beiden werden häufig miteinander assoziiert und agieren gemeinsam und für Nemain werden die Bezeichnungen Badb und Morrígan als Titel benutzt.

Heute bietet es sich an, Nemain als Göttin zu verehren, die dabei hilft, Siege zu erringen, oder als eine Göttin der Magie. Sie kann auch zusammen mit Badb oder dem Gott Neit beschworen werden. Die traditionellen Opfergaben für die Túatha Dé Danann wie Butter, Milch, Getreide und Brot eignen sich auch gut für Nemain.

Quellenverweise

1 Ellis, 1987; Green, 1992
2 Ellis, 1987; Ó hÓgáin, 2006
3 Macalister, 1941
4 Ebd.
5 Heijda, 2007
6 Windisch, 1905
7 Heijda, 2007
8 Windisch, 1905
9 *Banshenchus*
10 Gulermovich Epstein, 1998

3

Andere irische Götter

Bei den heutigen irischen Heiden beliebt sind vor allem die Götter, die der Gruppe der Túatha Dé Danann angehören. Doch es werden in der modernen Praxis manchmal auch Gottheiten verehrt, die zu den Formoren gehören oder sich gar keiner Gruppe zuordnen lassen. Sie sind oft besonders alt und ursprünglich und verkörpern Kräfte der Entropie oder des Chaos, was besonders auf die Formoren zutrifft. Wer sie heute kultisch verehrt, fühlt sich meist aufgrund der Idee zu ihnen hingezogen, dass es sich um ältere, vorkeltische Götter mit besonderen positiven Aspekten handelt. In diesem Kapitel werden wir uns eine Auswahl jener Götter anschauen, die nicht zu den Túatha Dé Danann gerechnet werden.

DIE CAILLEACH

Bei der Cailleach, im Altirischen Caillech, handelt es sich um eine komplexe Gottheit, deren Wurzeln ins neolithische Irland zurückreichen. Cailleach stammt von einem Wort ab, das ›verschleierte Frau‹ oder ›ältere Frau‹ bedeutet, später aber abwertend als Bezeichnung für ein hässliches altes Weib oder eine Hexe gebraucht wurde. Ihr Beiname Beara oder Beare weist darauf hin, dass die Beara-Halbinsel als ihr hauptsächlicher Aufenthaltsort gilt. In manchen Sagen erhält sie den Beinamen Béarrach und das altirische Wort *berach* bedeutet ›spitz‹ oder ›gehörnt‹.

Der wahre Name der Cailleach Beara soll Buí lauten, was vermutlich ›gelb‹ bedeutet.[1] Oder es handelte sich um das Wort Boí, das mit Bó, dem Wort für Kuh, verwandt ist. Es ist daher möglich, dass sie ursprünglich eine Land und Herrschaft repräsentierende Rindergöttin auf der Beara-Halbinsel war.[2] Dafür spricht, dass es von der Cailleach heißt, sie hätte einen mächtigen Stier besessen, der nur zu brüllen brauchte, um augenblicklich eine Kuh mit Kalb zu bekommen. Auf jeden Fall wird sie stark mit Beara assoziiert, wobei aufgrund der uneinheitlichen altirischen Ortografie auch die Schreibung Beare möglich ist. Buí ist allerdings besser belegt, denn dieser Name taucht in dem bekannten Gedicht *The Lament of the Old Woman of Beare* (*Caillech bérri*) auf. Bei MacKillop heißt es, sie sei möglicherweise zuerst unter dem Namen Dígde bekannt gewesen, einer Souveränitätsgöttin aus Munster, und als Duineach, ein Name, der laut MacKillop »eine große Gefolgschaft [haben]« bedeutet. Diese seien dann später zur Identität der Cailleach Beara verschmolzen.[3]

In der irischen Mythologie existieren verschiedene Göttinnen, die ›Cailleach‹ genannt werden. Zu ihnen zählen die Cailleach Beara von Cork und die Cailleach Gearagáin aus dem County Cavan.[4] Am bekanntesten ist aber die Cailleach Beara mit ihrer starken Verbundenheit zum irischen Südwesten. Sie gilt als Souveränitätsgottheit, die in Gestalt eines archetypischen alten Weibes einem möglichen König als Gegenleistung für eine intime Umarmung den Thron anbietet. Weist er sie in dieser Gestalt zurück, wird er die Königswürde nie erlangen. Wenn er aber bereit ist, der alten Frau eine Umarmung zu schenken, verwandelt sie sich vor seinen Augen in eine wunderschöne junge Frau und er wird König.

Von vielen Menhiren und anderen auffälligen Geländeformationen heißt es, sie seien ursprünglich Menschen oder Tiere gewesen, die von der Cailleach verwandelt wurden. Zum Beispiel verwandelte sie ihren Stier Tarbh Conraidh in einen Felsen, als er versuchte, einen Fluss zu durchqueren, um zu einer Kuhherde am anderen Ufer zu gelangen. In anderen irischen Gegenden, unter anderem Connacht, Leinster und Ulster, gilt die Cailleach Beara als Geist, der im Getreide wohnt und bei der Ernte in Gestalt eines Hasen vor den Sensen flüchtet.[5] In vielen Gegenden war es Brauch, den letzten Halm auf dem Feld stehen zu lassen und ihn ›die Cailleach‹ zu nennen.

Die Cailleach in ihrer Rolle als Buí soll eine der vier Frauen Lughs gewesen sein. Allerdings heißt es in anderen Quellen, sie hätte sieben Ehemänner gehabt und fünfzig Ziehkinder.[6] Die Cailleach wird generell als alte Frau beschrieben. Aber sie kann auch jung in Erscheinung treten. Sie gilt als Urahnin mehrerer Familien, unter anderem der Corca Duibhne.[7] In einem Gedicht aus dem 10. Jahrhundert heißt es, sie sei die Geliebte des Kriegers Fothadh Canainne gewesen. Der Legende nach hatte sie zwei Schwestern, die ebenfalls als die Cailleach ihres jeweiligen Gebietes, im einen Fall Dingle, im anderen Inveragh, bezeichnet wurden.[8]

Der *Sliabh na Caillí* (›Berg der Cailleach‹) im County Meath entstand, als die Cailleach zufällig über das Gebiet flog und die Steine fallen ließ.[9] Außer, wie erwähnt, mit der Beara-Halbinsel wird sie noch stark mit dem Slieve Daeane in Connacht verknüpft.[10]

Es kann zahlreiche persönliche Gründe geben, Rituale zu Ehren der Cailleach zu praktizieren. Manche moderne Heiden verehren sie als Göttin der Souveränität und Macht. Manchmal wird sie auch als Winter- und Sturmgöttin verehrt, was allerdings eher der Art entspricht, wie diese Göttin in Schottland gesehen wird. Ich selbst habe sie schon mit Erfolg angerufen, um bei Winterstürmen Schutz für mich und mein Zuhause zu erbitten. Auch ist sie sicherlich eine Göttin der Ernte, des Wohlstandes und der Macht und Weisheit des Alters. Als Opfergaben bieten sich Whisky, Getreide oder Milch an.

Quellenverweise

1 Murphy, 1956
2 Ó hÓgáin, 2006
3 MacKillop, 1998
4 Smyth, 1988
5 Ó hÓgáin, 2006
6 MacKillop, 1998
7 Smyth, 1988
8 Ó hÓgáin, 2006
9 Smyth, 1988
10 MacKillop, 1998

CROM CRUACH

Ein besonders interessanter, von manchen Menschen heute verehrter Gott ist Crom Cruach. Der Name ist, sagen die Forscher, synonym mit Cenn Cruiach und vermutlich auch Crom Dubh.[1] Crom bedeutet ›gebeugt‹ oder ›krumm‹. Cruachs Bedeutungen sind weiter gefächert. Es kann unter anderem heißen: Getreidebündel, Heuhaufen, kegelförmiger Haufen, von heller Farbe, blutig, mörderisch, blutrünstig, Schlacht, Verwundung, Gemetzel.[2] Was der Name Crom Cruach bedeutet, ist ungewiss, aber viele Leute deuten ihn als ›der gebeugte Blutige‹ oder ›krummer Haufen‹. Cenn Cruiach könnte ›Kopf (oder Kuppe) des Hügels‹ heißen.[3] Crom Dubh wird mit ›der schwarze Gebeugte‹ oder ›der dunkle Kauernde‹ übersetzt.

Daithi Ó hÓgáin war der Ansicht, dass dieses Wesen Crom in Wahrheit aus der christlichen Bilderwelt entlehnt und eine literarische Erfindung aus späterer Zeit ist. Dagegen beharrt Daragh Smyth auf der mythischen und pseudohistorischen Auffassung, Crom sei der Urgott der irischen Heiden vor ihrer Bekehrung zum Christentum gewesen.

Croms Herkunft und verwandtschaftlichen Beziehungen sind unbekannt. Während der drei Tage des Lunasa-Festes ist die Göttin Áine seine Gemahlin. Sie nimmt dann eine wildere, grimmigere Rolle an, um zu ihm zu passen.[4]

Bei vielen heutigen Lunasa-Feiern steht der Sieg des heiligen Patrick über Crom im Mittelpunkt. Sie finden oft am letzten Sonntag im Juli oder am ersten Sonntag im August statt, der Domhnach Chroim Duibh – ›Crom-Dubh-Sonntag‹ – genannt wird.[5] Marian MacNeill glaubt, dass diese Geschichten auf älteren heidnischen Erzählungen beruhen, in denen Lugh gegen Crom antrat und für das Volk die Ernte sicherte und schützte. Nach der Christianisierung wurde der Gott aus den Reihen der Túatha Dé Danann durch den katholischen Heiligen ersetzt.

An Lunasa steht Crom für die ursprüngliche Macht, die entweder versucht, die Ernte zu rauben oder sie nicht hergeben will. Gegen sie muss dann ein Held antreten, der die Feldfrüchte für die Gemeinschaft sichert. In vielen der um Lugh und Crom Dubh (Crom Cruach) kreisenden Mythen kämpft Lugh gegen Crom oder bezwingt ihn durch eine List. In manchen Fällen kommen Niederlage, Schlachtopfer, Verzehr und Wiederauferstehung von Croms Stier hinzu, was darauf hindeutet, dass es an diesem Festtag das ältere Element eines rituellen Stieropfers gab.[6]

Crom wird nicht nur mit Lunasa, sondern auch stark mit Samhain in Verbindung gebracht. Es heißt, dass an diesem Tag in Mag Slecht im County Cavan für ihn Opferrituale stattfanden. Man opferte ihm das Erstgeborene eines jeden lebendigen Wesens, um eine gute Getreideernte und hohe Milcherträge sicherzustellen. Im *Rennes Dindshenchas* heißt es, von den Menschen, die ihm huldigten, seien drei Viertel gestorben.[7] Im *Metrical Dindshenchas* lesen wir, dass Crom der ursprüngliche Gott der irischen Heiden war. Man hätte ihm an Samhain ein Drittel der eigenen Kinder geopfert, damit er reiche Erträge an Getreide und Milch schenkte.[8] Dort wird auch geschildert, wie der heilige Patrick in Magh Sléacht Croms goldene Statue und die im Kreis um diese stehenden zwölf silbernen Götzenbilder zerstörte, was sich auch in einem späteren Bericht über das Leben des heiligen Patrick findet.[9] In manchen Versionen befiehlt der Heilige, dass die Statue des heidnischen Gottes in der Erde vergraben werden soll.

Angesichts von MacNeills Theorie, dass der Gott Lugh später durch den heiligen Patrick ersetzt wurde, ist es durchaus denkbar, dass es in den älteren Erzählungen der Gott Lugh war, der gegen Crom kämpfte oder dessen Kultstatue in Magh Sléacht zerstörte. Vielleicht beruhen diese Geschichten aber auch auf älteren Schilderungen von Kämpfen zwischen diesen beiden Göttern, ähnlich jenen bezüglich des Lunasa-Festes. Mehrere Forscher, darunter MacNeill und Smyth, vermuten eine Verbindung zwischen Crom und Lughs formorischem Großvater Balor. Dieser Theorie zufolge ist Crom ein anderer Name für Balor. Der Kampf um die Ernte zwischen dem heiligen Patrick und Crom Cruach wäre dann die geänderte Fassung einer älteren Erzählung, in der vom Kampf zwischen Balor und Lugh berichtet wird.

Zwei andere Quellen, die *Annalen der vier Meister* (*Annála Ríoghdhachta Éireann*) und Keatings *Foras feasa ar Éirinn*, nennen ebenfalls Samhain als wichtigsten Tag der Crom-Anbetung und bezeichnen ihn als die Hauptgottheit Irlands. Anders als in den beiden *Dindshenchas*-Versionen wird hier aber keine direkte Verbindung zwischen der Crom-Anbetung und dem angeblichen

Tod von drei Vierteln aller Männer hergestellt, die ihm an Samhain huldigten. Keating schrieb, der pseudohistorische König Tigernmas habe in Irland die Crom-Verehrung eingeführt, und datierte dies auf ungefähr 1200 v. Chr.[10]

In späteren Geschichten ist aus Crom ein heidnischer Mensch geworden, der den heiligen Patrick aufsucht, um sich taufen zu lassen, oder auf andere Weise von ihm bekehrt wird.[11] Das folgt einem in der irischen Mythologie häufig anzutreffenden Muster, bei dem die älteste Version einer Mythengestalt entweder implizit oder explizit göttlicher Natur ist, dann zu einem Wesen aus der Anderswelt mutiert und schließlich, in späteren Geschichten, als normaler Mensch dargestellt wird. Das trifft zum Beispiel auf Áine zu, die anfangs als Göttin aus dem Geschlecht der Túatha Dé Danann beschrieben wird, dann als Mitglied des Feenvolkes und schließlich als Sterbliche.

Ich bin mir bewusst, dass manche moderne irische Heiden in Crom einen vorkeltischen Fruchtbarkeitsgott sehen. Crom Cruach wird von irischen Neuheiden häufig als Gott der Ernte und des Getreides porträtiert. Sie verehren ihn als Gott, der die Ernte ermöglicht und beschützt, nicht als eine cthonische oder chaotische Macht, gegen die gekämpft werden muss. Sie stellen ihn, gewissermaßen als Widerhall eines neolithischen Heidentums, in eine Reihe mit älteren Gottheiten wie der Cailleach, aber natürlich lässt sich das unmöglich beweisen. Aus der Mythologie klar ersichtlich ist nur, dass man ihm in der Erntezeit opferte, um ihn davon abzuhalten, die Ernte zu schädigen oder nicht freizugeben, dass er mit dem Tod assoziiert wurde, ein Feind Lughs und Gemahl Áines war. Es handelt sich bei ihm um eine komplexe Gottheit. Seine Rolle als Gegenspieler behielt er auch nach der Bekehrung der Iren, nur der Name seines Gegners änderte sich. Was auch immer Crom sonst noch gewesen sein mag, bleibt unklar, wir können lediglich sagen, dass er den ewigen Kampf der Menschen repräsentiert, der Natur die Ernte abzutrotzen und damit das Überleben während des Winters zu sichern.

Als rituelle Opfergaben für Crom bieten sich etwa Getreide, alkoholische Getränke, Milch oder eine Mahlzeit an, die mit ihm geteilt wird.

Quellenverweise

1 Smyth, 1988; Ó hÓgáin, 2006; MacNeill, 1962
2 eDIL
3 MacNeill, 1962
4 Ebd.
5 Smyth, 1988
6 MacNeill, 1962
7 Stokes, 1895
8 Gwyn, 1924
9 Smyth, 1988; Ó hÓgáin, 2006
10 Keating, 1854
11 MacNeill, 1962

DONN

Green zufolge bedeutet Donns Name ›Der Dunkle‹. Schlägt man ihn nach, stellt man allerdings fest, dass *donn* im Altirischen viele Bedeutungen hat, unter anderem: braun, edel, Poet, gestohlener Besitz, schwanger und Bier.[1] Das Wörterbuch definiert Donn als: »Vermutlich der Totengott oder der Urvater, zu dem alle nach ihrem Tod gerufen werden; wurde mit dem christlichen Teufel verschmolzen.«[2]

Im *Lebor Gabala Erenn* ist Donn einer der Söhne Mils. Er erobert mit seinen Brüdern Irland. In einer großen Schlacht besiegen sie die Túatha Dé Danann. Donn verliert jedoch vorher sein Leben. Für seinen Tod gibt es unterschiedliche Erklärungen. Manche irische Heiden sagen, er hätte die Göttin Eriu beleidigt, weil er, als die Milesier mit ihr verhandelten, behauptete, sein Volk bräuchte keine zusätzlichen Götter, denn es hätte seine eigenen mitgebracht. Andere meinen, Eriu habe seinen Tod nur vorhergesagt, ihn aber nicht verursacht.[3] In einer Version der Geschichte ist Donn über den zähen Fortgang der Eroberung so frustriert, dass er damit droht, alle lebendigen Wesen Irlands zu töten, worauf sich ein Sturm erhebt und Donns Schiff vor der irischen Küste kentert. Doch in wieder einer anderen Version schicken die Túatha Dé Danann eine Seuche auf die Schiffe der Milesier. Donn bietet sich als Opfer an, damit das Leben aller anderen geschont wird.[4] In beiden Geschichten wird er auf einem Felsen bestattet, der seitdem Tech Duinn heißt (Donns Haus).

Green und Jones vergleichen Donn mit dem römischen Dis Pater, den Cäsar zufolge die Gallier als ihren Stammvater betrachteten. Da Donn als Urahn der Gälen und außerdem als ein Gott des Landes und der Toten galt, erscheint dieser Vergleich angemessen. Green geht noch weiter und vertritt die Auffassung, auch bei Da Derga handele es sich wahrscheinlich um Donn. Da Derga, so schreibt sie, trat ebenfalls als Totengott in Erscheinung, und zwar in der Erzählung *Togail Bruidne Dá Derga* (›Die Zerstörung der Halle Da Dergas‹).[5] Ellis sieht Bezüge zwischen Donn, dem Dagda und Bile, während Ó hÓgáin mit der Dagda-Assoziation übereinstimmt und in Donn ursprünglich einen Beinamen sieht, höchstwahrscheinlich einen Beinamen des Dagda. Er bringt den Namen mit der Dunkelheit und dem Totenreich in Verbindung.

Bis zum heutigen Tag trägt Tech Duinn Donns Namen. Dieser Felsen, auch Bull Rock (›Stierfelsen‹) genannt, liegt vor der Südwestküste Corks. Im Volksglauben gilt Tech Duinn als Eingang ins andersweltliche Land der Toten, den alle Verstorbenen durchschreiten müssen. Donn selbst ist der Gott der Unterwelt und wird als der Urahne aller Iren betrachtet, weil er der erste Mensch war, der in Irland starb.[6] Im *Death Tale of Conaire* und in einem Text aus dem 9. Jahrhundert sagt Donn, dass alle Toten zu seinem Haus gehen.[7] Zwar ist Tech Duinn der Legende nach der Ort, wohin die Toten gehen, aber nicht notwendigerweise ihr endgültiger Aufenthalt. Manche sind der Auffassung, dass Donns Haus der Ort ist, zu dem die Toten gehen, bevor sie in die Anderswelt weiter-

reisen.[8] Vom 8. bis ins 10. Jahrhundert betrachtete man Tech Duinn als einen Versammlungsort der Toten, zu dem sie reisen und von dem sie weiterreisen.[9] Neben Tech Duinn gibt es Verbindungen Donns zu Cnoc Firinne im County Limerick und Dumhcha im County Clare.

Der Donn von Cnoc Firinne weist starke Aspekte eines Königs der Aos Sidhe, der Feen, auf. Er wurde Donn Firinne genannt und entführte angeblich Menschen in seinen Hügel, deren Familie glaubte, sie wären gestorben.[10] Wie bei vielen anderen irischen Göttern hat auch der Glaube an Donn die Christianisierung überdauert, indem aus einem Gott ein Guter Nachbar wurde, wenn auch ein sehr mächtiger. Im County Clare gab es Donn in Gestalt des Donn na Duimhche, ›Donn von der Düne‹, von dem man glaubte, er sei ein Feenritter mit seinem Heer.[11]

Es ist unklar, ob Donn von Anfang an als Gott betrachtet wurde, aber zumindest ab dem 8. Jahrhundert war das so, bis er dann später zu einem Reiter aus der Anderswelt der Feen wurde. Doch während aller Veränderungen seiner mythologischen Rolle stand er immer in Beziehung zum Tod und den Toten, einerseits als der Herr jenes Hauses, zu dem die Toten gehen, und andererseits als der Stammvater des irischen Volkes. Auch besteht bei ihm eine starke Verbindung zum Meer, zu Ertrunkenen und zu Pferden.

Moderne irische Heiden sehen in Donn vor allem einen Toten- und Ahnengott. Man kann ihn in allen Angelegenheiten um Hilfe bitten, die mit den Toten oder dem Sterben zu tun haben, oder wenn es um die Verbindung zu den eigenen

Vorfahren geht. Und man kann Donn als Hüter des Hauses der Toten ehren. Als Opfergaben für ihn eignen sich Bier, Wasser, Silber oder Speisen und ich habe festgestellt, dass er auch Kaffee zu schätzen weiß.

Quellenverweise

1 Green, 1997; eDIL
2 eDIL
3 Ellis, 1987
4 Daimler, 2015
5 Green, 1997
6 Jones, 2004
7 Ó hÓgáin, 2006
8 Ellis, 1987
9 Ó hÓgáin, 2006
10 Ebd.
11 Ebd.

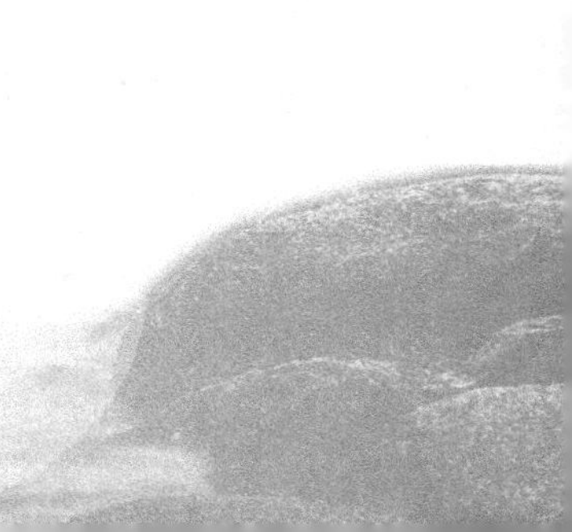

MANANNÁN MAC LIR

Der Gott Manannán ist Bestandteil der Mythologie mehrerer keltischer Nationen. Seine Heimat soll die Isle of Man gewesen sein, die auf Irisch Manu heißt. Manannán ist offensichtlich aus dem Namen der Insel abgeleitet und da dieser Inselname eine spätere Entwicklung ist, geht Ó hÓgáin davon aus, dass Manannán und seine Mythologie ebenfalls erst relativ spät entstanden, vermutlich nicht vor dem 3. Jahrhundert unserer Zeitrechnung.[1] Die Iren entlehnten den Namen von den Walisern, fügten aber den Titel ›mac Lir‹ (von der See) hinzu, was dann wiederum die Waliser als ›map Llyr‹ übernahmen.[2] Daran zeigt sich, dass zwischen den verwandten keltischen Kulturen ein Austausch stattfand, der sich in den Elementen der Manannán-Mythologie widerspiegelt. Für die Manx, die keltischen Bewohner der Isle of Man, war er der erste König ihrer Insel. Sein Grab soll sich dort befinden und sie erzählten, dass sein Geist den Fischern der Insel erschien, während sie ihre Netze reparierten.[3] In einem Manx-Gedicht heißt es, dass die Insulaner dem Gott jedes Jahr Pacht bezahlten, denn er galt ihnen als Eigentümer der Insel und sie empfanden sich als seine Pächter.[4]

Manannán wird als gutaussehender Krieger beschrieben.[5] Verheiratet ist er mit Fand, einer unvergleichlichen Schönheit, die allerdings eine Affäre mit Cú Chulainn hatte. Doch Manannán wandte einen Zauber an, der bewirkte, dass Cú

Chulainn Fand vergaß und wieder zu seiner Frau Emer zurückkehrte. Wie es heißt, reiste Manannán in die Welt der Sterblichen, um dort Mongán zu zeugen, einen Prinzen und Helden, und unter dem Namen Oirbsiu soll er Urahn des Stammes Conmhaicne von Leinster sein.[6] Manannáns Söhne und Töchter kommen in vielen Geschichten vor, spielen meistens aber nur Nebenrollen. Auch hat er zahlreiche Ziehkinder, darunter Eógabal, Fer I und Lugh.[7] Eines seiner berühmteren Kinder ist Áine, wobei sie in manchen Quellen allerdings als seine Ehefrau auftritt, nicht als Tochter.

Manannán Heimat, die Isle of Man, wird in irischen Erzählungen als geradezu mystischer Ort betrachtet. Später wurde seine Wohnstätte völlig in die Anderswelt verlegt, nach Eamhain.[8] Die Iren beschrieben Eamhain detailreich als heiligen Ort, als eine Insel, die auf vier silbernen Beinen oder Säulen ruht. Auf ihr wachsen magische Äpfel, denen sie ihren vollständigen Namen verdankt: Eamhain Abhlach, Eamhain mit den Äpfeln.[9] Weitere Namen lauten Mag Mell (›Ebene der Freude‹) und Tír Tairngiri (›Land der Verheißung‹). In all diesen Namen und Assoziationen zeigt sich die Verbindung zwischen Manannáns Reich und der Anderswelt.

Manannán war ein Meergott, der über die Wellen laufen konnte, als wären sie festes Land, und er war als Wettermacher und großer Zauberer bekannt. Sein Pferd Enbharr (›Gischt‹) konnte übers Wasser laufen, und es hieß, auch alle Meereswellen seien Manannáns Pferde. Und die Fische seien seine Viehherden, vergleichbar mit Schafen und Kühen. Auch besaß

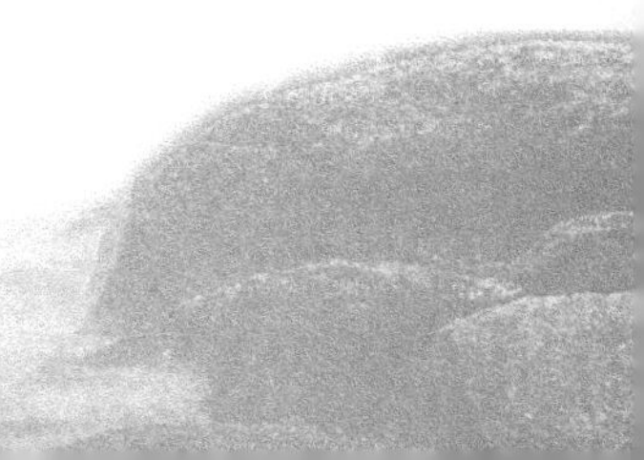

er zahlreiche magische Vögel und Hunde und magische Schweine, die aufgegessen und am nächsten Tag wieder zum Leben erweckt werden konnten.[10] Seinem Zauberschwert Frecraid (›der Erwiderer‹) konnte keine Rüstung standhalten.[11] In einer Geschichte, die von seinem Treffen mit König Cormac mac Art berichtet, trägt Manannán einen goldenen Apfelzweig, aus dem süße Musik erklingt, die Menschen in Schlaf versetzt und Kranke und Verwundete heilt.[12] Manche Quellen zeigen ihn als Gestaltwandler und man schrieb ihm zahlreiche Wunderkräfte zu. In seinem magischen Schiff konnte er schneller fahren als der Wind. Er konnte absolut real erscheinende Illusionen erzeugen und mit seinem Mantel des Vergessens Erinnerungen auslöschen.[13] In *The Only Jealousy of Emer* bewirkt er mit diesem Mantel, dass Cú Chulainn Fand vergisst. Er besitzt eine ›Kranichtasche‹, die mächtige Zaubergegenstände enthält.[14]

Manannán wird manchmal als einer der Túatha Dé Danann betrachtet und manchmal als ein von außen kommender Gott. Erst ab dem 10. Jahrhundert wurde er zum Volk der Danu gezählt. In den Erzählungen erscheint er häufig in der Rolle eines Ratgebers oder Magiers. Eine Quelle berichtet, es sei Manannán gewesen, der den Göttern, nachdem sie von den Gälen besiegt worden waren, ihre neuen Wohnstätten unter den Feenhügeln (Síd) zuwies.[15] Er macht den Göttern drei Geschenke: den Féth Fiadha, das Festmahl des Goibniu und die Schweine des Manannán.[16] Der Féth Fiadha war entweder ein Zauberspruch oder ein Mantel, der unsichtbar machte und ermöglichte, unerkannt zu reisen. Das Festmahl des Goibniu war eine magische Mahlzeit, durch welche die Götter jung und lebendig blieben. Und Manannáns Schweine waren unsterblich. Man konnte sie schlachten und verspeisen, aber am nächsten Tag kehrten sie stets unversehrt ins Leben zurück.

Manannáns Wesen ist so wechselhaft wie das Meer. Als er Elcmar in dessen Síd besucht, wird er dort fürstlich empfangen und bewirtet, doch trotz dieser Gastfreundschaft ist er Elcmar später nicht wohlgesonnen.[17] Im *Finn-Zyklus* verhält sich Manannán oft hilfsbereit, sorgt allerdings mindestens einmal für Streit unter den Kriegern.[18] Darin drückt sich wohl das Wissen der Seefahrer aus, dass die Gunst der See unbeständig ist und sich schnell ins Gegenteil verkehren kann. Oder Manannáns Wechselhaftigkeit liegt an seiner wenigstens zum Teil andersweltlichen Natur.

Sein besonderer Festtag ist der Mittsommer. An diesem Tag opferten ihm die Bewohner der Isle of Man und zahlten ihre Pacht.[19] In mehreren Quellen heißt es, dass ihm vor allem Binsen geopfert wurden, weshalb davon auszugehen ist, dass die Binse traditionell diesem Gott geweiht war.[20] Auch das Meer und Gewässer im Allgemeinen wurden sehr stark mit ihm as-soziiert. In der Geschichte von Oirbsiu heißt es, nach seinem Tod sei aus seinem Grab ein See hervorgesprudelt. Auch Pferde und Äpfel werden mit ihm in Verbindung gebracht.

Viele moderne Neo-Druiden betrachten Manannán als Torhüter zwischen unserer Welt und der Anderswelt. Sie rufen ihn an und bitten ihn, das Tor zwischen den Welten zu öffnen.

Wer heute Manannán ehren möchte, sollte Zeit am Meer verbringen. Man kann ihn um magische Kräfte, Weisheit und Führung bitten und um Inspiration, wenn man nach einer Strategie zur Erreichung eines Ziels sucht. Als Opfergaben kommen unter anderem Bier, Schweinefleisch, Äpfel, Binsen, Ginster oder Silber in Frage.

Quellenverweise

1 Ó hÓgáin, 2006
2 Ebd.
3 Monaghan, 2004
4 Macquarrie, 1997
5 Ellis, 1987
6 Ó hÓgáin, 2006
7 Ó hÓgáin, 2006; MacKillop, 1998
8 Ó hÓgáin, 2006
9 Ebd.
10 Ó hÓgáin, 2006; MacKillop, 1998
11 MacKillop, 1998
12 Ó hÓgáin, 2006
13 Monaghan, 2004; MacKillop, 1998
14 MacKillop, 1998
15 Ó hÓgáin, 2006
16 Ebd.
17 Ebd.
18 Ebd.
19 Macquarrie, 1997
20 Macquarrie, 1997; Ó hÓgáin, 2006

MEDB

Meadhbh, Méadhbh, Meave, Meav und Maive sind Namensvarianten. Der Name wird oft mit ›die Berauschende‹ übersetzt. Wörtlich bedeutet er ›stark, berauschend‹ und ist eng mit dem Adjektiv ›medach‹ verwandt (›reich an Met‹) und mit ›Mid‹, dem Wort für Met.[1] In frühen irischen Mythen erschien eine Frau aus der Anderswelt und überbrachte einem möglichen König die Herrscherwürde, indem sie ihm einen Becher mit Met oder Bier reichte.[2] Manchmal erhält Medb auch den Beinamen ›Lethderg‹ (›halb rot‹). Doch einigen Berichten zufolge handelt es sich bei dieser Medb Lethderg um eine andere Person. Andererseits gibt es Argumente dafür, dass diese Medb aus Teamhair, wo Medb von Connacht aufwuchs, doch mit ihr identisch sein könnte.

Medbs Mutter wird oft der Name Cruacha gegeben und Medbs Festung in Cruachan ist nach ihr benannt. Eochaid Feidlech ist Medbs Vater. Medb hatte zwei Schwestern, Eithne und Clothru, wobei Clothru von Medb getötet wurde.[3] Sie war die Ehefrau des Königs von Ulster, Conchobar Mac Nessa, und von Ailill, dem König von Connacht. Auch mit zwei weiteren Königen Connachts, Tinde mac Conra Cas und Eochaid Dála, soll sie verheiratet gewesen sein. Medb war bekannt für ihre vielen Liebhaber, zu denen der ruhmreiche Krieger Fergus mac Róich gehörte. Angeblich brauchte es zweiunddreißig Männer, um Medb zu befriedigen.[4]

Mit Ailill hatte sie sieben Söhne. Allen gab sie den Namen Maine, um sicherzugehen, dass sich die Prophezeiung erfüllte, einer ihrer Söhne mit diesem Namen würde Conchobar töten. Von ihren drei Töchtern Finnabair, Cainder und Faife war Finnabair für die Rolle bekannt, die sie beim Rinderraub von Cúailgne spielte.[5] Auch mit Fergus hatte Medb zwei Kinder: Ciarrai und Conmac.

Ihren größten Auftritt hat Medb im *Ulster-Zyklus*, wo sie den Rinderraub beginnt, um den braunen Stier von Ulster in ihren Besitz zu bringen. Damit will sie beweisen, dass sie reicher als ihr Ehemann Ailill ist. Das ist sehr wichtig für sie, denn nach irischem Recht hatte in der Ehe derjenige der Eheleute das Sagen, der reicher als der oder die andere war. Und Medb war von Natur aus dominant. Zwar führte Ailill mit ihr das Heer, aber Medb war die eigentliche Anführerin und traf viele wichtige Entscheidungen. Ailill und Fergus dienten dabei nur als ihre Berater.

Medb wird nicht zu den Túatha Dé Danann gezählt, sondern meistens als eine Königin der Menschen bezeichnet. Doch die Geschichten, die sich um sie ranken, und die Art, wie sie in den Quellen beschrieben wird, deuten darauf hin, dass sich in ihr mehrere Gebiets-, Souveräntitäts- und Fruchtbarkeitsgöttinnen vereinigten.[6] T. F. O'Rahilly, ein Wissenschafter der Royal Irish Academy, sagte über Medb: »Führende Charaktere in der altirischen Geschichte, wie zum Beispiel ... Medb, sind zu menschlichen Wesen verharmloste Gottheiten.« Damit erkannte er an, dass Medb für manche irische Heiden eine Göttin ist.[7] Sie ist eine Frau, die stets ihre eigenen Entscheidungen trifft, und sie heiratet Männer, die Könige sind oder werden, was sie zu einer Persönlichkeit macht, die mit Herrschaft und Macht assoziiert wird.

Medb trägt einen roten Mantel und auf ihrer Schulter sitzt ein Vogel oder ein Eichhörnchen. Sie hält einen flammenden Speer in der Hand, kann schneller laufen als jedes Pferd und ist so mächtig, dass ihr Anblick Männern zwei Drittel ihrer Körperkraft rauben kann.[8] In der späteren Folklore wird sie, so wie es vielen der Túatha-Dé-Danann-Göttinnen erging, zu einer Feenkönigin.

Am stärksten ist Medb mit Cruachan im County Roscommon verbunden, aber es existieren auch Verbindungen zu Teamhair, wo sie aufgewachsen sein soll. Auf diese Weise lässt sich Medb mit Leinster und mit Connacht assoziieren. Dann wird sie noch mit Grianán Meidbe, einem Ort auf einer Insel im Lough Ree, und mit Miscaun Maeve, ›Maeves Cairn‹, in Sligo in Verbindung gebracht.[9]

Medb ist eine mächtige Kraft, eine pseudohistorische Herrscherin, eine Göttin, eine Feenkönigin. Als Göttin steht sie für Krieg, Rausch, territoriale Herrschaft (wobei es wohl eher um die Herrschaft über Menschen geht als über das Land an sich), Sexualität und Fruchtbarkeit.

Als mächtige Frauenfigur, die sich niemandem unterwirft, sondern kompromisslos ihre eigenen Entscheidungen trifft, dürfte sie für viele moderne irische Heiden, vor allem Heidinnen, sehr anziehend sein.

Als Symbole für Medb bieten sich Pferde, Vögel, Eichhörnchen, Speere und Becher oder Kelche an. Met oder jedes andere alkoholische Getränk eignet sich als Opfergabe.

Quellenverweise

1 MacKillop, 1998; eDIL; Ó hÓgáin, 2006
2 MacKillop, 1998
3 Smyth, 1988
4 MacKillop, 1998
5 Ebd.
6 Ebd.
7 Smyth, 1988
8 MacKillop, 1998; Smyth, 1988
9 Ó hÓgáin, 2006

NEIT

Neit oder Nét ist ein Gott, dessen Name von ›nia‹ abgeleitet ist, was ›Krieger‹ oder ›Held‹ bedeutet. Im *Sanas Cormaic* heißt es, er sei ein Kriegsgott, verheiratet mit der Göttin Nemain, und die beiden seien ein ›giftiges‹ Paar.[1] Über Neit ist nur wenig bekannt. Manchmal wird er den Formoren zugerechnet. Er gilt als Ahne bedeutender Formoren und Túatha Dé Danann. Seine Burg soll sich in Aileach in Donegal befunden haben.[2]

Im *Lebor Gabala Erenn* erfahren wir, dass er zwei Ehefrauen hatte, bei denen es sich entweder um Fea und Nemain oder um Nemain und Badb handelte, je nachdem welche Fassung der Erzählung wir zugrundelegen.[3]

Quellenverweise

1 *Sanas Cormaic*

2 Ó hÓgáin, 2006

3 Macalister, 1944

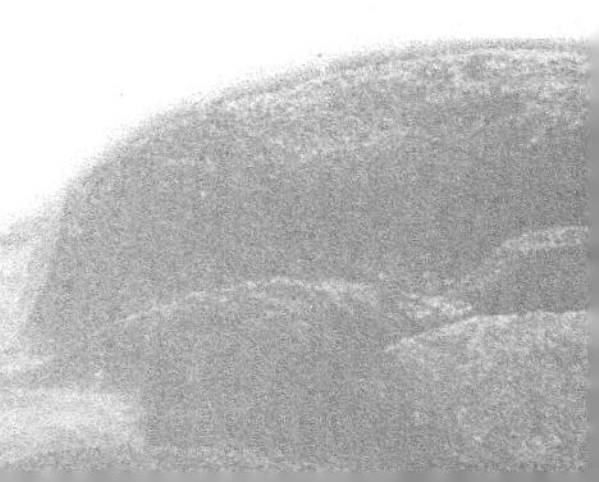

TAILTIU

Tailtiu, auch Taillltiu und Tailte, war eine Königin der Firbolg, eines Volkes, das vor der Ankunft der Túatha Dé Danann über Irland herrschte. Die Firbolg sind die vierte Gruppe, die Irland besiedelte, und wie die Formoren und die Túatha Dé Danann sollen sie von der dritten Siedlergruppe abstammen, den Nemesiern. Dieser Genealogie zufolge haben die Formoren und die Túatha Dé Danann gemeinsame Vorfahren, obwohl sie in der Mythologie als Feinde um die Herrschaft in Irland kämpfen.

Tailtius Vater soll, laut einigen Quellen, der König von Spanien gewesen sein. Es heißt aber auch, sie war das Kind von Mag Mór (›große Ebene‹) oder Umor Mor (›großes Tal‹). Verheiratet war sie mit dem Firbolg-König Eochaid mac Eirc.[1] Lugh war ihr Ziehsohn, sein Vater Cian gab ihn in Tailtius Obhut.[2]

Tailtiu ist eine Landgöttin mit kosmogonischen Qualitäten. Bekannt ist ihre heroische Anstrengung, die Ebene von Meath zu roden. Das Vorhaben war so schwer, dass sie dabei starb. An ihrem Totenbett bat sie ihren Ziehsohn Lugh, zu ihrem Gedenken alljährliche Spiele auszurichten. Er hielt sein Versprechen und begründete das Lunasa-Fest.[3] Rodung, um einen Landstrich besiedelbar und geeignet für die Landwirtschaft zu machen, kehrt als Motiv bei mehreren irischen Göttinnen wieder. Es könnte sich um Nachklänge eines älteren, längst vergessenen Schöpfungsmythos handeln. In allen Versionen dieses Mythos rodet die

Göttin ein Gebiet, damit ihr Volk und dessen Nachfahren dort leben können, während sie selbst sich so verausgabt, dass sie stirbt. Anschließend wird dieses Gebiet nach der Göttin benannt, damit es für immer mit ihr verbunden bleibt.

Die zur Erinnerung an Tailtiu ausgerichteten Spiele wurden zu Lunasa, einem der vier wohlbekannten irischen Feste. Der ursprüngliche altirische Name des Festes, Lughnasadh, bedeutet ›Beisetzungsgfeier des Lugh‹, womit nicht seine eigene Beisetzung, sondern sein Gedenken an Tailtiu gemeint ist. Später wurde daraus Lughnasa, womit die Bedeutung sich zu ›Spiele oder Versammlung des Lugh‹ veränderte. An diesem Tag fanden Feste und Jahrmärkte statt, die auf Irisch Aonacha hießen, bei denen unter anderem Geschicklichkeitsspiele und Pferderennen veranstaltet wurden.[4] Lunasa war eines der großen Feste im alten Irland und wurde auf der ganzen Insel gefeiert. An diesem Tag fanden Hochzeiten statt, die man ›Teltown-Hochzeiten‹ nannte. Es war möglich, diese Ehen nach Ablauf eines Jahres wieder aufzulösen, wenn das Paar es wünschte.[5] Traditionell dauerte Lunasa fast einen ganzen Monat, zwei Wochen vor und zwei Wochen nach dem 1. August.

Tailtiu galt als besonders mit Meath und vor allem Teltown verbunden, das zwischen Navan und Kells liegt. Das Gebiet von Teltown war jenes Land, das Tailtiu urbar machte und das heute als bestes Farmland in ganz Irland gilt.[6]

Moderne Heiden können Tailtiu als ursprüngliche Erdgöttin verehren oder, wegen ihrer Rolle als Ziehmutter Lughs, als Muttergöttin. In gewissem Maß nimmt sie die Rolle ein, die

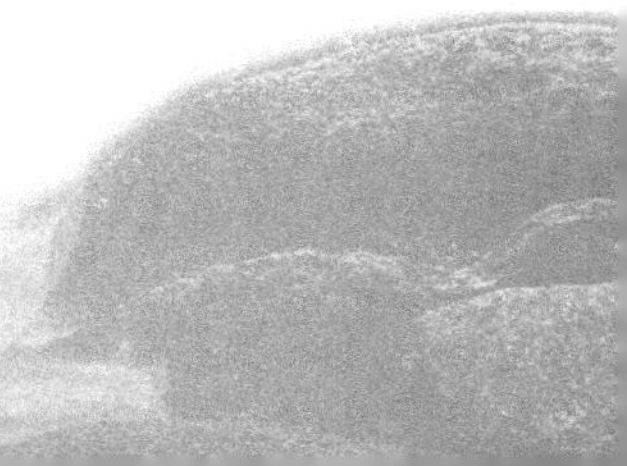

Gaia in der antiken Mythologie ausfüllte. Für andere Heiden ist sie wegen der Verbindung zum Lunasa-Fest eine Göttin der reichen Ernte und Fülle. Zu möglichen Opfergaben für Tailtiu zählen klares Wasser, Milch und alle Nahrungsmittel, die mit dem Erntebeginn im August verknüpft sind.

Quellenverweise

1 MacKillop, 1998; Smyth, 1988
2 Macalister, 1941
3 Ebd.
4 MacNeil, 1962
5 MacKillop, 1998
6 Ebd.

4

Die Verehrung der irischen Götter

Wenn Menschen sich für diese Form der Spiritualität zu interessieren beginnen, möchten sie meistens als Erstes einen Rat, wie sie in die Materie einsteigen können. Doch diese Frage ist gar nicht so einfach zu beantworten, denn es gibt sehr unterschiedliche spirituelle Herangehensweisen. Ich gebe daher an dieser Stelle nur einige eher allgemeine Empfehlungen, die, so hoffe ich, auf allen Wegen zu den irischen Göttern nützlich sind und Ihnen den Zugang erleichtern.

Der absolut erste Schritt ist Lesen! Lesen Sie die Mythologie, die Folklore, die alten und modernen Geschichten, um mit den Göttern und Geistern (Aos Sidhe, Gute Nachbarn oder Feen) Irlands vertraut zu werden. Zwischen den Túatha Dé Danann als Götter und den Aos Sidhe, den Feen, bestehen oft nur sehr feine Unterschiede. In den vorigen Kapiteln haben wir gesehen, dass Göttinnen oder Götter später oft die Rolle von Feenköniginnen oder Feenkönigen einnehmen.

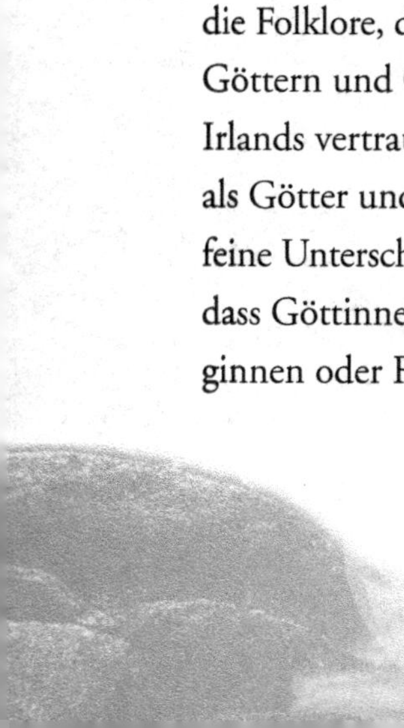

Wenn Sie sich mit diesen Erscheinungsformen und Kräften beschäftigen, werden Sie nach und nach die dahinter stehende Weltsicht und Kosmologie besser verstehen.

Sie können gar nicht zu viel darüber lesen. Behalten Sie dabei aber im Blick, dass viele Übersetzungen schon älter sind und durch damals übliche Vorurteile beeinträchtigt sein können. Lesen Sie daher möglichst alle existierenden Übersetzungen der jeweiligen Texte, um sich ein ausgewogenes Bild zu machen. Auch hilft es, nicht nur die alten Geschichten und Mythen selbst zu lesen, sondern zusätzlich Bücher über die heidnische irische Kultur, um die Erzählungen besser in ihren kulturellen Zusammenhang einordnen zu können. Wenn wir unsere modernen Vorstellungen und Erwartungen auf eine Welt übertragen, die vor Jahrhunderten oder sogar Jahrtausenden existierte, werden wir kaum in der Lage sein, den tieferen Sinn einer Erzählung zu verstehen. Nutzen Sie das, was Sie bei der Beschäftigung mit der altirischen Mythologie und Kultur lernen, um sich Ihr eigenes System von Glaubensvorstellungen und spiritueller Praxis aufzubauen.

Wenn eine bestimmte Gottheit Sie interessiert, machen Sie sich mit deren Geschichte vertraut. Viele irische Götter haben im Lauf der Zeit interessante Wandlungen durchgemacht, vor allem im Zuge der Christianisierung. Áine wurde von einer Túatha-Dé-Danann-Göttin zu einer Feenkönigin und dann zu einer Sterblichen. Aus der Göttin Brighid wurde eine christliche Heilige. Manannán wurde aus einer anderen Kultur ›importiert‹ und in die Túatha Dé Danann integriert. Danach taucht er in

vielen Geschichten als Zauberer und Trickster auf. Fast alle irischen Gottheiten verfügen über eine lange und faszinierende Geschichte, wobei sie über den Volksglauben den Weg in die heutige Zeit fanden, sei es als Feen oder sterbliche menschliche Charaktere. Zwar ziehen wir es oft vor, uns unsere Götter ausschließlich als Götter vorzustellen, aber es kann sehr lehrreich sein, wenn wir auch die anderen Rollen studieren, in denen sie uns in den diversen irischen Märchen und Mythen begegnen.

Informieren Sie sich auch über die Orte, die einen besonderen Bezug zu den einzelnen Göttern haben. Es ist ein typisches Merkmal der irischen Gottheiten, dass sie stark mit bestimmten Orten verknüpft sind. Sie auf einer tieferen Ebene zu verstehen, wird Ihnen kaum gelingen, wenn Sie nichts über die Orte wissen, die Schauplätze des mythischen Geschehens waren oder nach Göttinnen oder Göttern benannt sind.

Wenn möglich, reisen Sie dorthin. Verbringen Sie Zeit an den Orten, wo sich einst, den Sagen zufolge, die Götter aufhielten – und wo ihr Einfluss immer noch spürbar ist. Schauen Sie selbst, wie die Umgebung auf Sie wirkt – was Sie dort fühlen. Es ist gut, sich aus Büchern über diese Orte zu informieren, aber sie tatsächlich aufzusuchen und zu erleben, ist viel besser. Heilige Stätten muss man auf sich wirken lassen, um einen eigenen Eindruck von ihnen zu gewinnen.

Opfern Sie den Göttern, damit ein gesundes Geben und Nehmen entsteht. Danken Sie für den Segen und Schutz, den die Götter spenden, und feiern Sie diese Gaben der Götter. Opfer und Dankbarkeit schaffen eine Beziehung zwischen uns und den von uns verehrten Mächten, die wichtig für unsere ganz persönliche Spiritualität ist.

Schaffen Sie sich eine regelmäßige spirituelle Praxis. Feiern Sie die Festtage, vertiefen Sie durch Lektüre Ihr Wissen, leben Sie täglich Ihren Glauben. Heidentum ist keine Religion, die man ab und zu oberflächlich als Hobby praktiziert, sondern eine Lebensweise. Eine Verbindung zu den Göttern aufzubauen, erfordert Zeit und Anstrengung, denn nur so kann sich eine echte Beziehung entwickeln. Um irisches Heidentum erfahren und leben zu können, müssen Sie zunächst eine solche Beziehung aufbauen und diese dann in das von Ihnen verwendete religiöse oder spirituelle System integrieren.

Richten Sie in Ihrem Zuhause wenigstens einen kleinen Platz für die Götter ein. Denken Sie darüber nach, wer und was die Götter für Sie sind und welche Rolle sie in Ihrem Leben spielen. Warum möchten Sie zu ihnen beten und sie verehren? Was ist ein Gott für Sie? Zu welchen Göttern fühlen Sie sich besonders hingezogen und warum?

Das irische Pantheon ist sehr umfangreich, aber es wird eine kleine Zahl Götter geben – vielleicht nur zwei oder drei, vielleicht aber auch ein halbes Dutzend oder mehr –, von denen Sie sich besonders angezogen fühlen. Das sind dann die Götter, zu denen Sie mit der Zeit die stärkste Bindung entwickeln werden, so wie auch jede historische Gemeinschaft bestimmte Götter aus dem großen Gesamtpantheon besonders verehrte.

Ein weiterer wichtiger Weg, mit den Göttern Kontakt aufzunehmen, ist die Beschäftigung mit der irischen Kultur – mit

Sprache, Musik, Essen, Geschichte, Kunst und Literatur. Ein irischer Heide zu sein bedeutet mehr, als nur die irischen Götter spirituell zu verehren. Es geht auch um die Liebe zu der Kultur, aus der diese Götter stammen. Zwar lässt der Gedanke, die irische Sprache zu lernen, viele Leute zurückschrecken, aber schon ein paar Worte zu lernen oder sich die Mühe zu machen, die Götternamen richtig auszusprechen, wird Ihnen helfen, sich stärker mit der Kultur verbunden zu fühlen. Auch kann man die Natur der einzelnen Götter viel besser verstehen, wenn man die Kultur versteht, von der sie ein Teil sind.

Selbstverständlich lohnt es sich auch, Gleichgesinnte zu finden, sei es im realen Leben oder im Internet, aber ich denke, unsere Verbindung zu den irischen Göttern beginnt bei uns selbst, in unserem eigenen Leben. Wenn Sie diese Götter nicht zum festen Bestandteil Ihres Lebens machen, wird der soziale Austausch mit Gleichgesinnten Ihnen nicht wirklich helfen. Damit will ich die Bedeutung von Gemeinschaft und sozialen Kontakten keineswegs abwerten. Heidnische Gemeinschaften können eine wunderbare Quelle der Unterstützung sein, doch wenn es Ihnen nur gelingt, im Rahmen gemeinschaftlicher Rituale mit den Göttern in Kontakt zu treten, dann entgeht Ihnen das Wesentliche.

Was das Lesen betrifft, finden Sie hier meine grundlegende Literaturliste. Es ließen sich noch viele, viele Bücher dieser Liste hinzufügen, aber ich habe solche ausgewählt, die Ihnen einen guten Überblick über die zentralen Themen bieten:

The Sacred Isle von Daithi Ó hÓgáin – hier wird die irische Religion von der vorchristlichen Zeit bis nach der Christianisierung behandelt.

The Lebor Gabala Erenn – die Geschichte der Eroberungen Irlands, zunächst durch die Götter und Geister, später durch die Menschen. Das ist der Haupttext über die Ankunft der Túatha Dé Danann in Irland und ihre Kämpfe gegen die Formoren und Gälen.

Cath Maige Tuired – die Geschichte des Kampfes der Túatha Dé Danann gegen die Formoren. Die Erzählung über die erste Schlacht von Maige Tuired, *The Cath Maige Tuired Cunga*, ist ebenfalls lesenswert.

The Year in Ireland von Kevin Danaher – ein Überblick über die irischen Feiertage und Feste im Jahreslauf.

Fairy and Folktales of the Irish Peasantry des großen Schriftstellers W. B. Yeats – eine Betrachtung der Rolle der Feen in Folklore und Volksglauben Irlands.

Celtic Gods and Heroes von M. Sjoestedt – hier werden die keltischen Götter vorgestellt, einschließlich der irischen, und überdies wahre Leckerbissen aus Folklore und Mythologie serviert. Dieses Buch hilft nicht nur, die irischen Götter zu verstehen, sondern bietet auch eine Grundlage, um eigene moderne Praktiken zu entwickeln.

Celtic Flame: An Insider's Guide to Irish Pagan Tradition von Aedh Rua – eine Rekonstruktion des Glaubens und der Praktiken der heidnischen Iren in einem modernen Setting. Dieser Ansatz wird nicht jedem gefallen, ist aber ein wertvolles Beispiel dafür, wie es gemacht werden kann.

A Child's Eye View of Irish Paganism von Blackbird O' Connell – geschrieben für Kinder von acht bis zwölf Jahren. Dieses Buch bietet eine kurze, aber dennoch sehr effektive Einführung in die wesentlichen Glaubensvorstellungen, Götter und Praktiken des irischen Heidentums.

A Practical Guide to Irish Spirituality von Lora O'Brien – ein wirklich großartiges, praxisorientiertes Buch über die irische Spiritualität und vermutlich eines der besten zu diesem Thema überhaupt, geschrieben von einer modernen irischen Heidin.

Schlussbemerkung

Bei diesem Buch ging es mir darum, solide Informationen zu den irischen Gottheiten zu liefern, zu den viel beschriebenen ebenso wie zu den weniger bekannten. Ich hoffe, dass es den Leserinnen und Lesern gute Dienste als Informationsquelle leisten wird. Dennoch handelt es sich lediglich um einen kleinen, keineswegs vollständigen Blick in die große Welt der irischen Mythologie. Ganze Abhandlungen wurden über einzelne irische Götter geschrieben, über die Morrígan, Brighid und Manannán, und es wäre unmöglich, all diese Informationen in einem so schmalen Band wie diesem zusammenzufassen.

Die irische Mythologie ist ein buntes Gewebe aus Geschichten, die nicht nur das Schicksal der irischen Götter, also der Túatha Dé Danann und anderer, noch älterer Wesen erzählen, sondern auch von Irland selbst berichten.

Die Götter sind, ganz buchstäblich, mit den Steinen und Bergen, den Flüssen und Seen verwoben, und in der lebendigen Landschaft heute noch genauso gegenwärtig wie vor Jahrtausenden. Aber sie finden sich auch in den niedergeschriebenen alten Mythen, in der modernen Folklore und im Leben und

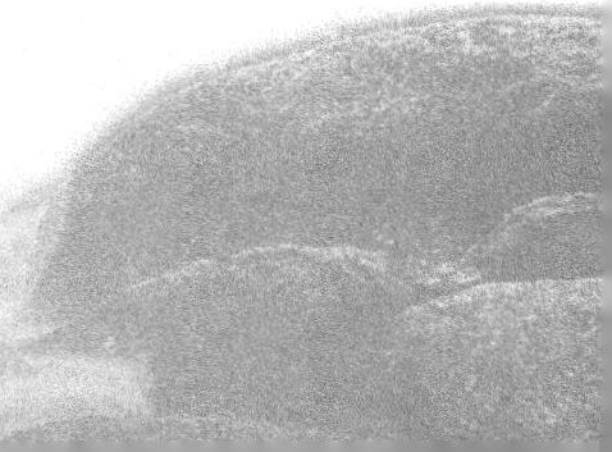

Herzen all jener Menschen in aller Welt, von denen sie verehrt werden. Sie sind die Götter Irlands und ein Teil von Irland selbst, aber sie sind auch die Götter der Menschen, die heute irisches Heidentum praktizieren.

Ich habe dieses Buch geschrieben, weil ich genau das jahrelang vergeblich suchte: ein kleines, handliches Lexikon, in dem sich schnell die wichtigsten Informationen zu den irischen Göttern nachschlagen lassen. Ich fand immer nur sehr umfangreiche Werke, die eine Menge überflüssige Informationen enthielten, nach denen ich gar nicht suchte. Oder es gab dünnere Bücher, die aber dann das Keltentum ingesamt behandelten und nur auf ein halbes Dutzend oder weniger der beliebtesten irischen Götter eingingen. Ich wollte also für andere eine Informationsquelle schaffen, wie ich sie mir selbst immer gewünscht hatte, und ich hoffe, das ist mir gelungen.

Danksagung

Mein Dank gilt allen, die mich während des Schreibens unterstützten, ganz besonders meiner Familie. Auch danke ich allen, die auf meiner Facebook-Autorinnenseite Vorschläge machten, welche Gottheiten in dieses Buch aufgenommen werden sollen. Ich habe möglichst viele davon berücksichtigt.

Eure Morgan

Bibliografie

Berresford, P. (1987): *A Dictionary of Irish Mythology.*

Best, R. (2007): *The Settling of the Manor of Tara.*

Calder, G. (1917): *Auraicept na N-Éces.*

Carmicheal, A. (1900): *The Carmina Gadelica.*

Clark, R. (1991): *The Great Queens – Irish Goddesses from the Morrigan to Cathleen ní Houlihan.*

Cross, T., und H. Slover (1936): *Ancient Irish Tales.*

Daimler, M. (2016): *Pagan Portals – Brigid.*

Daimler, M. (2015): *Pagan Portals – Irish Paganism.*

Daimler, M. (2015): *The Treasure of the Túatha Dé Danann.*

Daimler, M. (2015): *Tochmarc Étaine.* Auf http://lairbhan.blogspot.com/2015/09/tochmarc-etaine.html.

eDIL – Electronic Dictionary of the Irish Language. Auf http://www.dil.ie.

Ellis, P. (1987): *Dictionary of Irish Mythology.*

Evans, D. (2011): Auf http://www.celtnet.org.uk/gods_n/nudd.html.

Frazer, J. (1916): *Cath Maige Tuired Cunga.*

Gray, E. (1983): *Cath Maige Tuired.*

Green, M. (1992): *Dictionary of Celtic Myth and Legend.*

Gulermovich-Epstien, A. (1998): *War Goddess – The Morrigan and her Germano-Celtic Counterparts.*

Gwynn, E. (1924): *Metrical Dindshenchas.*

Gwynn, E. (1906): *The Metrical Dindshenchas.*

Heidja, K. (2007): *War-Goddesses, Furies and Scald Crows – The Use of the Word Badb in Early Irish Literature.*

Jones, M. (2009): *Anu.* Auf http://www.maryjones.us/jce/anu.html.

Jones, M. (undatiert): *Banshenchus – The Lore of Women.* Auf http://www.maryjones.us/ctexts/banshenchus.html.

Jones, M. (undatiert): *Birth of Aedh Sláine.* Auf http://www.maryjones.us/ctexts/aedhslaine.html.

Jones, M. (2012): *Nodens.* Auf http://www.maryjones.us/jce/nodens.html.

Jones, M. (2004): *Tech Duinn.* Auf http://www.maryjones.us/jce/techduinn.html.

Jones, M. (undatiert): *The Battle of Crinna.* Auf http://www.maryjones.us/ctexts/cathcrinna.html.

Jones, M. (undatiert): *The Battle of Mug Mucrama.* Auf http://www.maryjones.us/ctexts/mucrama.html.

Jones, M. (undatiert): *The Driving of the Cattle of Flidais.* Auf http://www.maryjones.us/ctexts/flidais.html.

Keating, G. (1857): *Foras Feasa ar* Éirinn.

Keating, G. (1854): *The History of Ireland.*

Kinsella, T. (1969): *The Tain.*

Leahy, A. (1906): *Heroic Romances of Ireland.*

Macalister, R. (1941): *Lebor Gabala Erenn – Volume 4.*

Macalister, R. (1956): *Lebor Gabala Erenn – Volume 5.*

MacKillop, J. (1998): *A Dictionary of Celtic Mythology.*

MacNeill, M. (1962): *Festival of Lughnasa.*

MacQuarrie, C. (1997): *The Waves of Manannan – A Study of the Literary Representations of Manannan Mac Lir From ›Immram Brian‹ (c. 700) to ›Finnegan's Wake‹ (1939).*

Meyer, K. (1906): *The Triads of Ireland.*

Monaghan, P. (2004): *Encyclopedia of Celtic Mythology and Folklore.*

Murphy, G. (1956): *Early Irish Lyrics – Eighth to Twelfth Centuries.*

Ó Dónaill (1977): *Focloir Gaeilge-Bearla.*

Ó hÓgáin, D. (2006): *The Lore of Ireland.*

O'Grady, S. H. (1892): *Silva Gadelica.*

Sanas Cormaic (undatiert): *Three Irish Glossaries.*

Shaw, F. (1934): *The Dream of Oengus – Aislinge Oenguso.*

Sjoestedt, M.-L. (2000): *Celtic Gods and Heroes.*

Smyth, D. (1988): *A Guide to Irish Mythology.*

Stokes, W. (1895): *Rennes Dindshenchas.*

Stokes, W. (1901): *Thesaurus Palaeohibernicus – A Collection of Old Irish Glosses, Scolia, Prose and Verse.*

Stokes, W. (1926): *The Second Battle of Moytura.*

Theirling, I. (2001): *More Than Winter's Crone.*

Websters Online Dictionary (2012): *Nodens.* Auf http://www.websters-dictionary.org/definitions/nodens.

Wilde, Lady (1991): *Irish Cures, Mystic Charms & Superstitions.*

Windisch, E. (1905): *Tain Bo Cuiligne.*

Stimmen zum Buch

»Morgan Daimler hat eine umfassende Studie der heidnischen irischen Gottheiten geschrieben und sie in einen sinnvollen Zusammenhang gestellt – statt einfach nur eine Sammlung ›keltischer‹ Götter zu präsentieren. Die Götter Irlands sind eine komplexe Gesellschaft, und die Details in diesem Buch ermöglichen einen wertvollen Einstieg für alle, die nach kurz gefassten, präzisen Informationen suchen und sich durch akademischere Werke eher abgeschreckt fühlen.«

Mélusine Draco, Autorin von *The Secret People*

»Dieses Buch ist ein dringend benötigtes Nachschlagewerk, das den Praktizierenden des irischen Heidentums grundlegende Informationen zu ihrem Pantheon bietet. Zweifellos wird es zum kostbaren Schatz für Generationen von Lesern werden.«

Segomâros Widugeni, Autor von *The Celtic Flame*

»Eine exzellente Einführung zu den Göttern Irlands mit wertvollen Informationen, einschließlich Literaturhinweisen und Vorschlägen für Opfergaben und Rituale, die sich an jene Leserinnen und Leser wenden, die gerade erst mit der Reise in die irische Spiritualität beginnen. Sehr empfehlenswert.«

Erynn Rowan Laurie, Autorin von *The Well of Five Streams*

»Morgan Daimler schreibt klar, prägnant und basierend auf gründlicher Recherche. Die Lektüre ist eine wahre Freude. Es ist das Buch, nach dem ich seit zwanzig Jahren gesucht habe!«

Jane Brideson, Autorin des Blogs *The Ever-Living Ones*

Morgan Daimler ist Bloggerin, Dichterin, Lehrerin für spirituelle Themen, Hexe und Priesterin der Daoine Maithe. Außerdem ist sie eine produktive heidnische Schriftstellerin und eine der weltweit führenden Expertinnen für alles, was mit Feen zu tun hat. Sie unterrichtet und schreibt über irische Mythen und magische Praktiken und hat bereits mehr als dreißig Bücher zu diesen Themen veröffentlicht. Aufsätze von ihr sind in einer Vielzahl von Zeitschriften und Anthologien erschienen. Sie hat auch Romane geschrieben, darunter eine Anzahl paranormaler Liebesromane und Urban Fantasy. Sie lebt in Connecticut, USA.

»Ich heiße Morgan Daimler. Seit 1991 bin ich eine Weiße Hexe und folge meiner Bestimmung, die auf dem mit neoheidnischer Hexerei vermischten Weg der Feen beruht. Ich liebe es, andere Wege und andere Lebensweisen zu studieren, und ich diskutiere gerne über Religion, Philosophie und Spiritualität mit Menschen aus den unterschiedlichsten Bereichen. Ich versuche in der heidnischen Gemeinschaft aktiv zu bleiben und bin immer daran interessiert, von den Erlebnissen anderer zu hören.«

https://www.facebook.com/MorganDaimler/
https://twitter.com/MorganDaimler
https://lairbhan.blogspot.com/

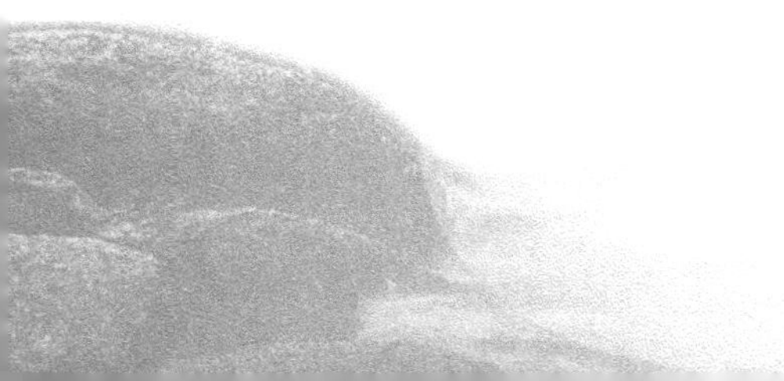

Morgan Daimler

DIE MORRÍGAN

Hohe Königin und Schicksalsgöttin Irlands, Beschützerin des Feenvolkes

AMRA Verlag, ISBN 978-95447-438-7
Softcover im Hardcover-Format, 144 Seiten
€ [D] 14,99; als eBook erhältlich!

Begegne auf schattigen Schwingen und unter dem Ruf des Raben der »Hohen Königin« Morrígan, Schutzpatronin der Priesterinnen und Hexen, Göttin der Prophezeiung, der Schlacht und der Magie. Sie vereint in sich die Fruchtbarkeitsgöttin Anu, die weise Mutter Badb und die Kriegsgöttin Macha. Deshalb gilt sie in der Mythologie als die »Drei-in-Einer«.

Dieses Buch ist eine Einführung. Erstmals werden hier alle grundlegenden Informationen über die Schicksalsgöttin Irlands zusammengetragen und behutsam in Verbindung gebracht mit den persönlichen Erfahrungen und Ratschlägen der Autorin, einer langjährigen heidnischen Priesterin. Dies geschieht auf eine Weise, die jene Verwirrung zerstreut, die oft um diese Göttin herrscht – und endlich Klarheit über sie bringt.

Die »Hohe Königin« Morrígan ist in der heutigen Welt so aktiv wie nie zuvor. Auf ihren Ruf zu antworten bedeutet, angesichts einer Fülle von Fehlinformationen, Mutmaßungen und schwer zu findenden alten Texten ihren Mythos und ihre herausfordernde Geschichte erstmals für sich zu entdecken.

Erscheint im November 2020.
Jetzt vorbestellen auf www.AmraVerlag.de.

MORGAN DAIMLER

DIE MORRÍGAN

Hohe Königin und Schicksalsgöttin Irlands, Beschützerin des Feenvolkes

AMRA